国家出版基金项目
NATIONAL PUBLICATION FOUNDATION

手艺

SHOUYI

手艺人

SHOU YI REN

中国·手艺·传承人·丛书

山西新绛云雕·陈勤立

潘鲁生 主编

常瑞红◎著

● 国家出版基金项目

● 『泰山学者』建设工程专项经费资助项目

● 深圳市文化创意产业发展专项资金资助项目

海天出版社（中国·深圳）

图书在版编目（CIP）数据

山西新绛云雕：陈勤立 / 潘鲁生主编；常瑞红
著. —深圳：海天出版社, 2017.6
（中国手艺传承人丛书）
ISBN 978-7-5507-1928-6

Ⅰ.①山… Ⅱ.①潘… ②常… Ⅲ.①陈勤立－生平
事迹 Ⅳ.①K825.72

中国版本图书馆CIP数据核字（2017）第047725号

山西新绛云雕·陈勤立

SHANXI XINJIANG YUNDIAO CHEN QINLI

出 品 人　聂雄前
项目负责人　于志斌
责任编辑　杨月进
责任校对　张　敏　黄海燕
责任技编　梁立新
封面设计　惠　岩
装帧设计　张海云
排版制作　深圳斯迈德设计 Smart 0755-83144228

出版发行　海天出版社
地　　址　深圳市彩田南路海天综合大厦（518033）
网　　址　www.htph.com.cn
订购电话　0755-83460397（批发）　0755-83460239（邮购）
排版制作　深圳市斯迈德设计企划有限公司（0755-83144228）
印　　刷　深圳市华信图文印务有限公司
开　　本　889mm×1194mm　1/16
印　　张　13.5
字　　数　240千
版　　次　2017年6月第1版
印　　次　2017年6月第1次
定　　价　268.00元

中國手藝傳承

高延甲

主编简介

　　潘鲁生，1962 年生。艺术学博士、国家二级教授、博士生导师。现任全国政协委员、中国文学艺术界联合会副主席、中国民间文艺家协会主席、山东省文学艺术界联合会主席、山东工艺美术学院院长。系中央直接掌握联系的高级专家、中国文化名家暨全国宣传文化系统"四个一批"人才、享受国务院政府特殊津贴专家、"泰山学者"特聘教授、中国美术家协会工艺美术艺委会主任、教育部高等学校设计类专业教学指导委员会副主任、国家非物质文化遗产保护工作专家委员会委员。

　　开展民艺研究与保护实践，推进大学民间文艺传承。率先提出"民间文化生态保护"理念，组织实施"民间文化生态保护计划"，出版《民间文化生态调查》，抢救整理民间美术手工技艺 120 余项。主持国家社科基金艺术学重大招标项目及中宣部、教育部、文化部大型课题，构建中国"民艺学"学科体系，出版《民艺学论纲》等学术专著，参与编纂《中国民间美术全集》，提出发展"农村文化产业"、构建中国"手艺学"等命题，研究成果填补专业领域空白。创办中国民艺博物馆，将数十年来收集的民间美术藏品向社会常年免费开放。创建"中国民艺国际视频网站"，在中国美术馆举办"手艺农村——山东农村文化产业调研成果展"，致力于传承、推广民艺文化。先后荣获中宣部精神文明建设"五个一工程"奖、"国家社会科学基金项目优秀成果"一等奖、首批"全国非物质文化遗产保护先进工作者""中国文联文艺评论奖"一等奖，获评"上海世博会先进个人"，多次受党中央、国务院表彰。

常瑞红

常瑞红，1978年生于山东安丘。先后获得清华大学美术学院
漆艺专业学士学位、中央美术学院材质语言研究硕士学位，
2014年赴日本金沢美术工艺大学开展交流与学习，现为山
东工艺美术学院现代手工艺术学院漆艺专业教师。作品曾入
选"海峡漆艺大展""漆语时代——2016福州国际漆艺双年
展""大漆世界·时序——2016湖北国际漆艺三年展"等知名
展览。

前言

手艺传承文化

手艺原本就是我们日常生活的一部分。居家过日子的家什物件儿、女儿出嫁的被褥衣裳、娃娃出生起即陪伴身边的虎头鞋帽、走亲访友的面花儿点心小食、祭祀丧俗的纸扎纸马，还有年节里的年画、剪纸、红灯笼……可以说，每个家庭都离不开手艺。生活里许许多多重要时刻都有手工艺品的装点陪伴，朴素、温暖，充满情谊，包含着做事的礼仪和做人的道理。随着工业化和商品化的快速发展，传统手艺似乎一夜间淡出了我们的生活，街头巷尾的工匠、艺人早已踪迹难觅，传统的女红绣品变成了记忆，一些宝贵的民间技艺濒临失传，人们的家庭日用品更多地依赖商场、超市中流水线生产的现成商品，传统手艺已从热热闹闹的生活中心悄悄走向了当代生活的边缘。

今天的人们需要反省自问：是把祖辈的造物智慧、生活品质传承下去，留给子孙一个具有传统文脉、感情温度、人生道理并充满艺术之美的生活世界，还是只余下贫瘠枯燥的数字、徽标和符号？是给在古丝绸之路即享誉世界的"中国制造"重新植入文化的芯片，注入文化创造力的灵魂，复兴中华的造物文明，还是消耗资源环境、代工生产？其实，答案不言而喻。传统手艺是一条丰富的文化矿脉，我们应从中找回民族文化的自信，把传统造物的文脉和创造力发扬光大。

手艺的传承和发展，要增进全社会对手艺文化价值的认识，通过艺术、设计、教育以及我们的日用与感知，推动手艺融入当代社会；同时，一定要牢牢守住保护与发展的根基和底线，保护好作为手艺传承载体的传承人，避免"人亡艺绝"、传承断代、文化断流的危机和困局。这也是我们编撰"中国手艺传承人丛书"的初衷。

目前,从政策层面看,我国关于手艺传承人的制度性保护与扶持在不断健全。自20世纪50年代起,在国家"保护、发展、提高"的方针下,传统手艺人的社会地位和生活水平不断得到提高。1979年,轻工业部第一次授予部分传统手艺传承人"中国工艺美术大师"的称号,对手艺人的独特艺术成就和重大贡献给予肯定。到1997年,国务院出台《传统工艺美术保护条例》,以行政法规形式关心和支持工艺美术大师的创作。2011年,国家颁布了《中华人民共和国非物质文化遗产法》,对包括手艺传承人在内的非物质文化遗产项目传承人在评选、认定、技艺传播、传承、法律责任等方面做出法律界定,据此我国评选出优秀非物质文化遗产项目的国家级、省级、市级代表性传承人,实现了传统非物质文化遗产传承的有效续接,使许多珍贵的、濒临失传的手艺得以留存、恢复和发展。当前,更为关键的是把这些政策落实好,有传承的措施、传承的监管、传承的教育,使那些真正的手艺传承人真正把传统技艺传承好、发展好。

从教育角度看,对手艺传承人的培养经历了一个转折,正走向多元化。一段时间以来,由于从父到子、从子到孙的传统生活方式、生活意识、生活习惯等因素弱化,传统手工艺传承的"师徒制"也逐渐弱化,民间传承机制在很大程度上被消解,直接导致手工艺传承的危机加剧。当前,随着非物质文化遗产保护立法,传承人保护和梯队建设开始受到重视,民间手工艺传承状况有所改善。同时,专业教育的培养也经历了一个转折。20世纪50年代,我们将"工艺美术"确定为艺术学科、专业的标准名称。1956年,中央工艺美术学院成立后,各地相继成立工艺美术院校。自1958年到1964年,成立了北京市工艺美术学校、上海工艺美术学校、苏州工艺美术专科学校、青岛工艺美术学校、河南工艺美术学校、福建工艺美术学校、河北工艺美术学校,而山东工艺美术学院的前身为"济南市工艺美术技工学校"(1973年成立),这些院校主要为工艺美术行业的发展输送人才。但自20世纪80年代以来,国内相关领域展开了声势浩大的"兴设计""废装饰"的论争,并在1990年前后进一步波及教育领域,导致1998年《普通高等学校本科专业目录》中"工艺美术"被二级学科"设计艺术"取代,早期成立的工艺美术院校大多转型发展。到2011年,"工艺美术"专业得以恢复。目前,全国有29所高校设立"工艺美术"专业。从整体上看,行业传承、公众传习、学校教育的多元化格局正逐渐形成并不断健全。

从技术手段看,手艺传承人保护工作从无形走向有形,形成了多样化的保护档案记录形式。我国自21世纪初全面推进非物质文化遗产保护行动，许多专家、学者及各省、自治区、直辖市文化主管机构借力现代传媒优势，利用文字、录音、影像等技术手段，通过现场记录、传承人口述、历史文献梳理等方式，加强对非物质文化遗产项目代表性传承人的抢救性保护，出版了大量著述，留存了丰富的文献信息。我们编撰的这套"中国手艺传承人丛书"也是国家社会科学基金项目"中国当代民间工艺美术研究"的子课题，开展了田野调研、档案记录和理论研究，并得到了深圳市文化创意产业发展专项资金、山东省艺术学"泰山学者"建设工程专项经费的支持，我们作为研究者感到十分欣慰。

应该说，手艺传承人的保护与发展任重道远，充满机遇和挑战。构建以手艺文化为基础、以技艺为核心、以传承人为主导的活态传承发展系统，是推动传统手艺当代传承与创新的关键。具体来看，以手艺文化为基础，要使传承人参与到传统节日、民俗文化、工艺传统的社会交流中来，并团结相关民间团体和研究机构展开宣传推广、传授知识技能、组织文化活动，推动建立社会公众对传统手工艺的文化自觉，促进多元参与和群体传承，而非让深厚的传统技艺沦为旅游经济下的简单表演，让手艺传承人变为浅尝辄止于普通技艺表演的"机器"。以技艺为核心，要从工艺发展的角度发掘不同代表性的手艺人的价值，鼓励其对手艺进行有效保护，警惕技艺"衰退"，更不能使"非物质文化"失去文化而只留物质的空壳，丢弃了技艺传承的核心。以传承人为主导，既要以传承人为核心原汁原味地传承传播，也要鼓励传承人参与相关领域行业与质量标准的建立、文化咨询建议等，发挥创意、实践、管理服务等多元作用。总之，5000年不断的手艺文脉具有内在的丰富性，传承人是其灵魂与核心，在文化转型的持续进程中，我们要保护好民族文化的活态因子，使手艺传承人发挥持续的创造力。这也是我们策划出版这套"中国手艺传承人丛书"的立意所在。

"中国手艺传承人丛书"隶属"手艺中国书系"。在2012年丛书策划之初，我们即深感手艺传承人及其技艺抢救与记录工作的紧迫性。当年，团队成员准备采访山东鄄城砖塑技艺国家级代表性传承人谢学运时，得知艺人刚刚离世的消息，不禁扼腕叹息。我在30多年前曾到他家进行调研，由于条件所限，当时只对他的手艺作品进行了采集，没有对他的技艺过程进行全面梳理，而今成为遗憾。其实，谢学运获评国家级代表性传承人已有数年，但在过去的数年时间里，是否有人对谢学运的独特技艺做过专门而翔实的记录和研究？在时间面前，我们的回答显得苍白无力。另外，在调研采访过程中，我们也发现不少艺人因年老体衰、精力不济、财力有限等因素，在手工技艺传承、创新及发展上有心无力，只能勉强维持现状。有的传承人虽然富裕起来了，但由于过度产业化、商业化，一些传承人变成了老板，已无心传承。因此，本丛书着力以手艺传承人为线，注重对"艺人"的个体记录，通过对手艺传承人技艺绝活的全面梳理与深入剖析，系统阐述人、技艺、材料、工具等手艺核心要素之间的活态关系，突显手艺传承人的独特价值，总结手艺创作基本规律与经验，呈现传统手艺发生、发展、传承的过程，发掘传统手艺的意匠巧工之美。

此丛书团队成员以山东工艺美术学院中青年专业教师为主体，整合了全国有关高校的教师及博士研究生、博士后参与，他们长期与我们团队一起从事手艺人保护调研工作，拥有丰富的手艺田野调研经验，编撰队伍年轻而富有朝气。

丛书在手艺传承人选择方面，主要选取在手艺保护、衣钵传承、工艺传承等方面具有代表性的艺人，涉及织绣、雕刻、捏塑、金工锻造、编织、家具木作、版刻图绘、装潢彩扎、髹漆 9 个手艺门类，调研范围包括北京、山西、内蒙古、上海、江苏、浙江、山东、河南、湖南、广东、广西、青海、新疆等省、自治区、直辖市。受时间及精力所限，本丛书仅从其中撷取 20 位优秀手艺传承人做深入调查、记录与研究，虽然在调研对象选择及调研涉猎广度上存在不足，手艺传承人的调研体系也有待完善，但希望为开展手艺及手艺人保护与相关研究提供一些参照，为传承活态传统工艺、延续手艺文脉、呈现手艺之美尽绵薄之力。敬请国内同行专家提出宝贵建议，共同为构筑"手艺中国"添砖加瓦。

潘鲁生

甲午芒种于历山作坊

目 录

第一章　新绛云雕今昔 ·········· 001

　第一节　新绛云雕及其特点 ·········· 002

　第二节　新绛云雕起源 ·········· 005

　第三节　从作坊到工厂 ·········· 014

　第四节　大家云雕 ·········· 023

第二章　艺术生涯 ·········· 029

　第一节　工厂学习 ·········· 030

　第二节　艺术学院熏陶 ·········· 036

　一、四川美术学院 ·········· 036

　二、中央工艺美术学院 ·········· 036

　第三节　漆艺世家 ·········· 041

第三章　云雕技艺的传承与创新 ·········· 055

　第一节　坚守理想 ·········· 056

　第二节　传承创新 ·········· 063

第三节　艺术特点及代表作品 …………………………… 070

一、艺术特点 ………………………………… 070

二、代表作品 ………………………………… 071

三、陈勤立设计思想摘录 …………………… 085

第四章　新绛云雕的材料与工艺 …………………… 087

第一节　云雕材料与工艺概述 …………………… 088

一、大漆的性能与特点 ……………………… 088

二、就地取材 ………………………………… 094

三、云雕工艺过程与材料一览 ……………… 095

第二节　制漆 ……………………………………… 100

一、验漆 ……………………………………… 100

二、熬漆 ……………………………………… 102

三、调漆 ……………………………………… 108

第三节　制胎 ……………………………………… 111

一、云雕胎体概述 …………………………… 111

二、云雕木胎制作过程 ……………………… 111

第四节　髹漆 ……………………………………… 116

一、髹漆概述 ………………………………… 116

二、髹漆工艺过程 …………………………… 119

第五节　画稿 ……………………………………… 124

第六节　雕刻 ……………………………………… 137

一、云雕刀法及其特点 ……………………… 137

二、雕刻工具与工艺过程 …………………… 137

第七节　打磨抛光 ………………………………… 145

第五章　艺术传承 ·· 155

　　第一节　师承关系 ··· 156

　　第二节　技艺传承 ··· 161

　　一、云雕技艺传承概况 ··· 161

　　二、政府组织培训 ··· 161

　　三、艺术学院授课 ··· 162

　　四、家族传承 ··· 163

第六章　他人评述与访谈实录 ································· 165

　　第一节　他人评述 ··· 166

　　第二节　陈勤立访谈实录 ······································· 173

参考文献 ··· 191

附　录　陈勤立简介及年谱 ······································· 193

后　记 ··· 197

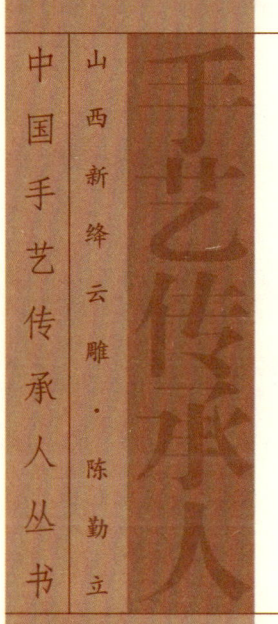

中国手艺传承人丛书

山西新绛云雕·陈勤立

第一章

新绛云雕今昔

|第一节| 新绛云雕及其特点

　　漆艺的髹饰技法可概括为：堆、嵌、磨、刻、洒、绘等，每种技法在不同时间和不同地域产生出不同的漆艺样式。仅中国山西现存的漆艺样式就有堆鼓罩漆、描金彩绘、刻灰（款彩）、螺钿镶嵌和雕漆等。那么，相较于漆艺的其他样式，雕漆对漆材质的运用是最为单纯和明确的，雕漆对漆材质的诠释也是最直接、最全面的，不存在概念上的含混与重叠。它充分利用漆材质黏稠、厚重、有韧性、慢干、可堆、可塑、可雕、可磨、结膜坚硬等特性，并将这些特性充分发挥到了极致。雕漆所呈现的独特的视觉效果是没有任何其他材料可以取代的。雕漆的品类可分为剔红、剔黑、剔犀、剔彩等。因为传统剔犀作品图案大多以回旋生动的云纹、回纹组成，所以人们也将它称之为"云雕"（图1-1）。

　　中国现代雕漆以剔红（图1-2）和云雕居多。剔红主要集中在北京和扬州，云雕主要集中在山西新绛。剔红是在胎骨上层层髹红漆，达到相当的厚度时描上画稿，再雕刻出图形；云雕则以红黑两色为主，在胎骨上先用一种黑色漆刷涂若干道，积成一个色层，再换另一种红色漆刷涂若干道，这样有规律地使两种色层交替，达到一定厚度时，用刀雕刻出图形，在刀口的断面可以看见红黑相间的色漆层。剔红和云雕同是雕漆品类却有着非常大的不同。从表面上理解，剔红与云雕只是用色不同而已，实则在用料、图形、制作及效果上皆有差别。在用料上，剔红用色、用油比重大，可达到40%，故而剔红用漆较软，多不抛光；云雕则用油仅在10%左右，漆地坚硬，漆面可抛得很亮。在题材上，剔红以山水、人物、花鸟、虫鱼等为主题，并刻画细密锦地纹（图1-3）；而云雕则以线条简练、流畅、大方的回纹、云钩纹、卷草纹等为主（图1-4）。在风格上，剔红追求精细，云雕则以温润、简洁、大气为主。总之，剔红漆色哑光、图案阳文突出、刀法显露、磨工较少；云雕漆性重、表面光亮、图案偏重阴文或双关纹、刀法藏而不露、磨工多。

　　2011年，绛州云雕被列入第三批国家级非物质文化遗产名录。作为国粹，新绛云雕在时代的变迁中演绎着它的发展变化的历程。

▲ 图1-1 现代云雕作品

▲ 图1-2 扬州剔红

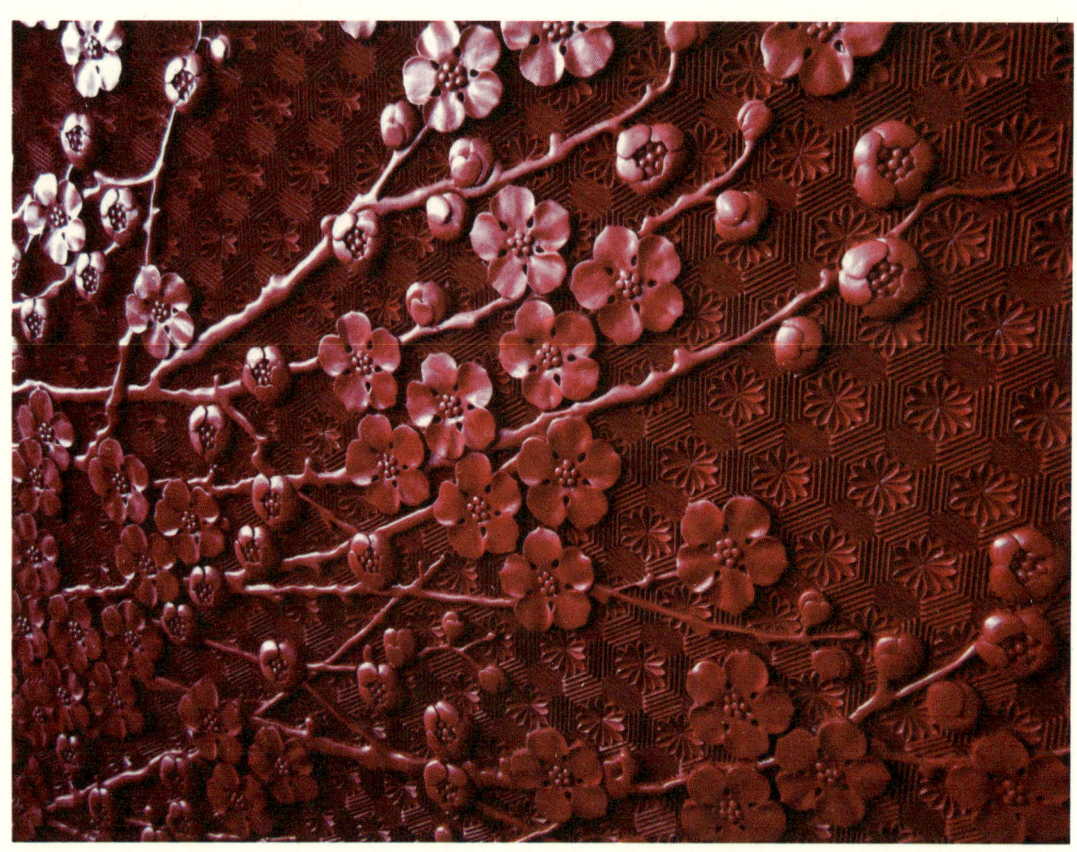

图 1-3 剔红锦地纹

图 1-4 云雕局部

| 第二节 | 新绛云雕起源[①]

新绛县古称绛州，"据河东之肘腋"，春秋时期属晋，战国时期属魏，与太原、临汾齐名，并称"晋国三城"。新绛曾为"六雄"之一，辖十五州。自北魏始设州置郡，直至清末，历代不衰，一直是山西南部的政治中心、工业重镇、交通枢纽、商业都会，历来就是三晋的一块文化宝地（图1-5）。新绛是荀子的故乡，在他之后的边塞诗人王之涣、宫廷画师高克明、元曲大家李行甫、清代学者李毓秀等，先后留下了《劝学篇》《登鹳雀楼》《灰阑记》《弟子规》等一批传世之作。仅在唐、宋两代，王勃、岑参、樊宗师、范仲淹、梅尧臣、欧阳修、司马光都曾在绛州访胜探幽，并留下了近20万字的咏绛诗文（图1-6）。

古绛州也是手工业产品加工交流的集散地，古称"水旱码头"，长安至雁门关驰道就在这里通过（图1-7），水陆交通便利，为商贸发展提供了条件。城外设有金台驿，城内店铺林立，商家云集（图1-8、图1-9）。唐代绛州为铸钱重地，澄泥砚、香墨、毛笔等皆为朝廷贡品，其铸造、冶炼、木雕、纺织、酿酒等行业也十分发达，被誉为"七十二行城"[②]。直到现在新绛县周边还分布着玉雕、骨雕、石雕、木雕、木板年画等手工作坊，云雕、毛笔、澄泥砚至今仍是新绛比较著名的三大工艺（图1-10）。云雕作为雕漆的一个品类，在绛州地区的发展有着深厚的文化背景和民间基础。

根据《髹饰录·坤集》之"雕镂第十"载有"剔红，即雕红漆也，髹层之厚薄，朱色之明暗，雕镂之精粗，亦甚有巧拙，唐制多印版刻平锦朱色，雕法古拙可赏，后有陷地黄锦者"。可见雕漆工艺在我国唐代始有出现，但是目前尚无实物佐证。剔犀源于唐代的"锥毗"，在《髹饰录》"剔犀"条杨明注解："此制源于锥毗，而极巧致，精复色多，且厚用款刻，故名。"[③]现知最早的剔犀漆器是在宋代。宋代存世雕漆中有典型的剔犀，如剔犀执镜盒（南宋中期）（图1-11）、剔犀云纹笔等（图1-12、图1-13）。

---

① 部分图片来源于任喜山.中国历史文化名城·新绛[M].北京：中国铁道工业出版社，2005.
② http://www.wenbao.net/html/whyichan/lsmc/xinjiang/index.asp
③ 王世襄.髹饰录解说[M].北京：文物出版社，1983.

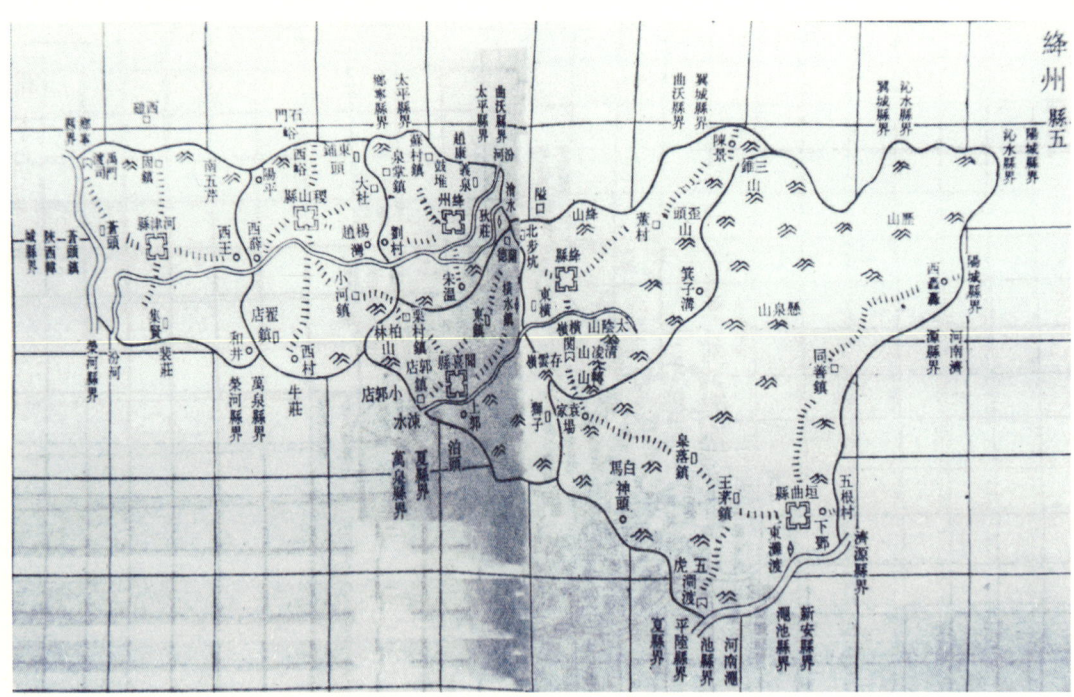

▲ 图1-5 《山西通志》所载绛州辖五县图

▲ 图1-6 碧落碑亭

▲ 图1-7　唐代擂鼓台遗址

▲ 图1-8　龙兴塔

图 1-9　天主教堂

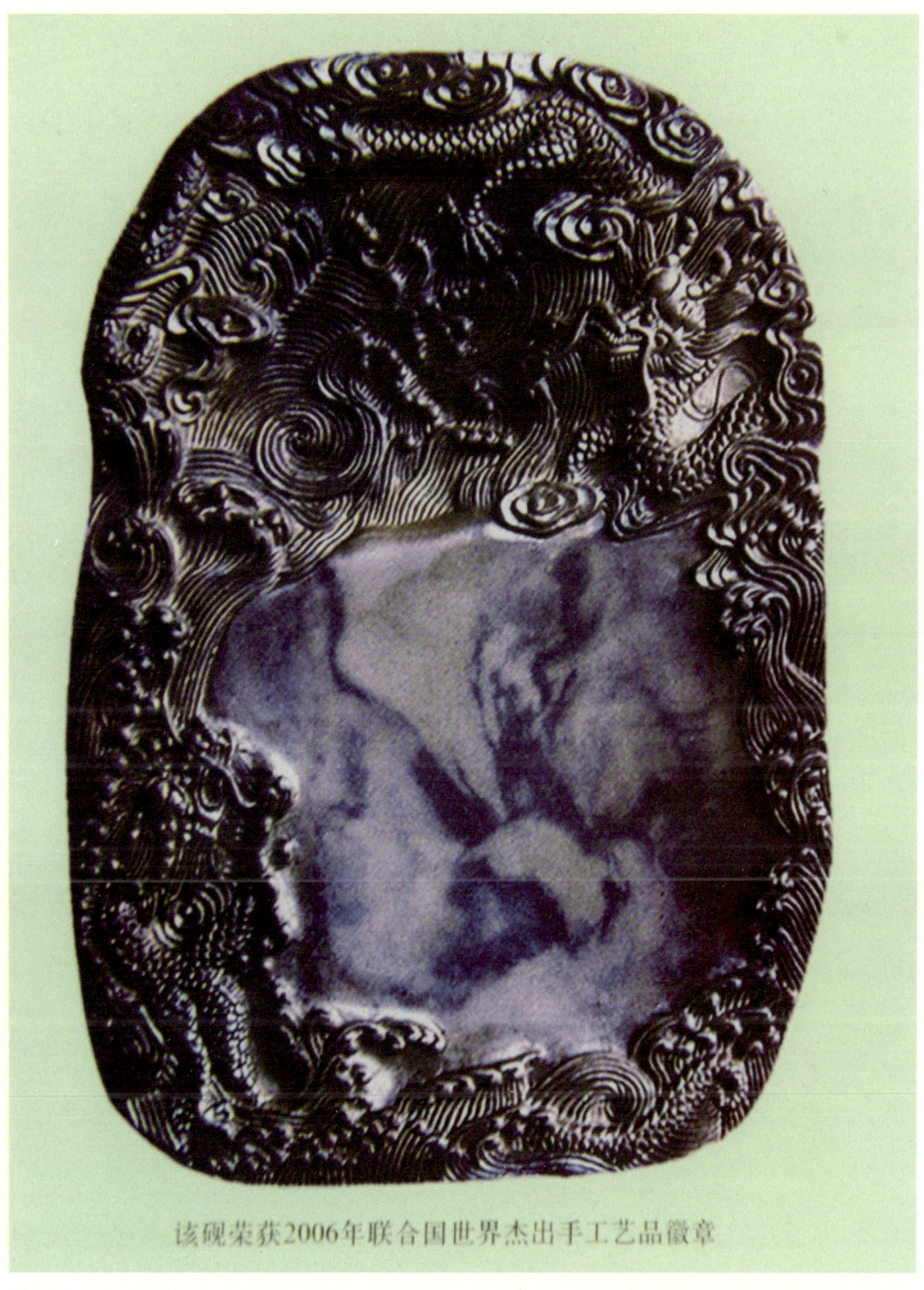

该砚荣获2006年联合国世界杰出手工艺品徽章

图1-10 澄泥砚

▲ 图1-11　南宋剔犀执镜盒

▲ 图1-12　南宋剔犀云纹笔

　▲ 图1-13　南宋剔犀云纹笔局部

据《山西通志》《新绛县志》等史料记载（图1-14-1、图1-14-2），宋末元初，宫廷艺人云集绛州，便有了绛州云雕漆器的制作。元代绛州云雕产品初具规模，至明清工艺日臻成熟。嘉庆年间，绛州名匠张凡娃结合本地特点加速发展，形成具有北方特色的雕漆工艺。后经历代能工巧匠竞相雕琢，代代相传①。

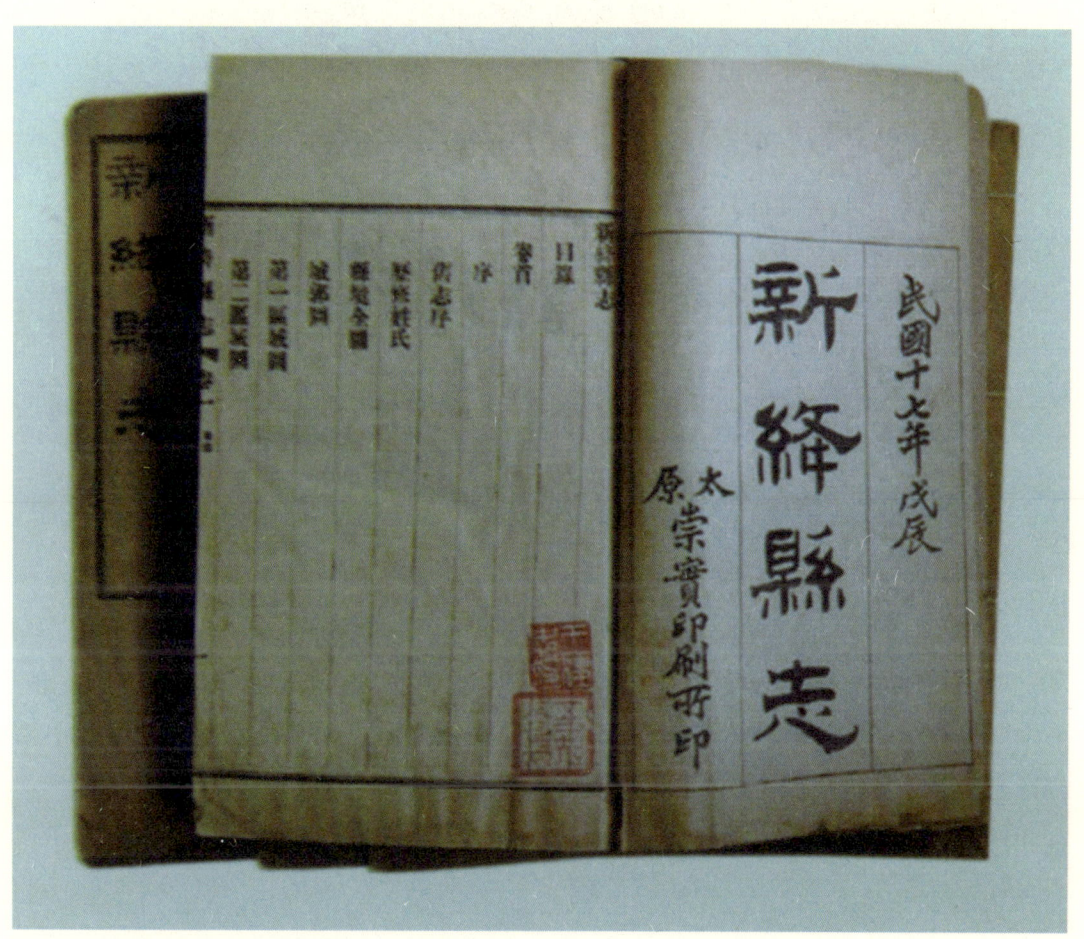

图1-14-1 民国十七年（1928年）《新绛县志》

---

① 张康宁. 山西绛州剔犀工艺研究 [D]. 北京：首都师范大学，2009.

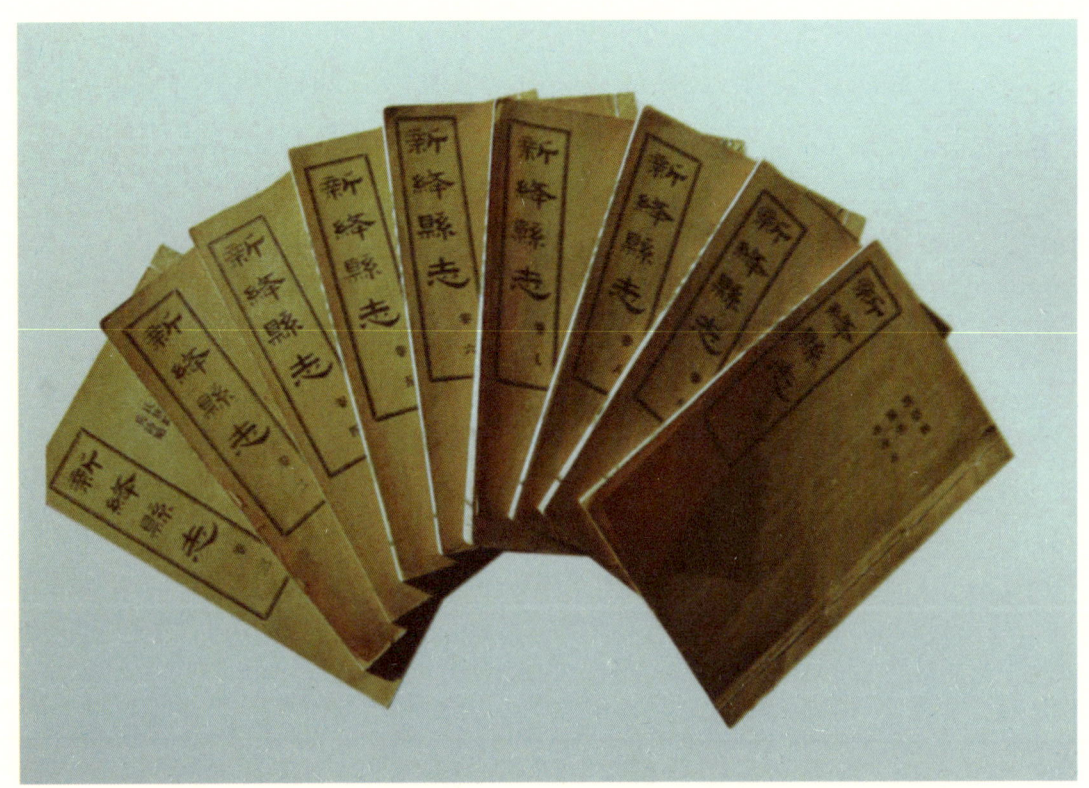

▲ 图1-14-2 民国十七年（1928年）《新绛县志》

　　1915年，绛州民间艺人王思恭、薛仙基、赵普元、王小虎等漆匠开设普元永、同泰源等雕漆店铺，制作云雕产品。绛州古城主街全长不过2000米，1919年生产云雕的店铺有5家，1922年增加到12家。这时云雕漆器制作工艺已达相当高的水平，主要制作漆木家具和民间用品云雕小件，成为北方重要的漆器产区。抗战全面爆发后，雕漆店铺先后歇业。1949年，同泰源雕漆店召回部分老艺人首先复业。1958年成立合作社，后改为侯马市新绛木器制造厂（图1-15）。随后，在合作社的基础上成立了新绛工艺美术厂，其产品有云雕、刻灰、螺钿等。

　　至今，云雕漆器在新绛仍然还存留着很好的民间使用的风俗习惯。云雕首饰盒是新绛百姓婚嫁时必备的物品之一（图1-16）。如果经济条件允许，购买一套云雕家具会为婚房增色不少。新绛人使用云雕的传统是因为云雕在当地久远的历史遗传，还有一个重要的原因就是，20世纪50年代到90年代新绛工艺美术厂大规模的云雕生产对当地的文化与经济产生的影响，云雕已经成为新绛的一张文化名片。

▲ 图 1-15 新绛工艺美术厂前身"木器制造厂"全体职工留影

▲ 图 1-16 云雕首饰盒

第三节 从作坊到工厂

新中国成立后，由于国民经济发展的需要，手工艺作为民族工业的重要资源受到国家的重视。通过发挥老艺人的作用和培养新艺人，利用传统资源，以工厂化生产模式和外贸出口为主要形式，20世纪50年代形成了"行业工艺美术"。新绛工艺美术厂就成立于这样一个大的背景之下（图1-17）。

十二家作坊是新绛工艺美术厂的前身。十二家作坊的民间艺人王小虎、宁思根（图1-18）、柴秀刚（图1-19）、薛根焕、丁秀成（图1-20）、兰福泰（图1-21）等人成为新绛工艺美术厂的技术源头（表1）。十二家作坊时期，各家作坊为了生计很多技艺都秘不外传，师傅带徒弟的传统做法是相对保守和独立的传承方式。但是，到了新绛工艺美术厂时代则代之以集中培训的教育方式和以老带新的方法交叉进行。

表1 老艺人名录

老艺人姓名	擅长技艺
王小虎	（不明）
宁思根	制漆、刷漆
柴秀刚	云雕、螺钿、刻灰
薛根焕	云雕、螺钿
丁秀成	裱布、裱麻、纸胎、布胎
兰福泰	刻灰、画工

在集体经济模式下，老艺人们将自身的技艺公布开来，从而将传统技艺的信息和经验聚集起来。每个老艺人作为工艺厂的车间主任，分别带几个徒弟进行工艺的传授与制作（图1-22）。老艺人们的加入奠定了新绛工艺美术厂的技艺基础，使新绛的云雕、款彩、螺钿等传统工艺在特定的历史阶段获得了相应的发展，并培养了专

▲ 图1-17　新绛工艺美术厂大楼

▲ 图1-18　宁思根（左二）

▲ 图1-17　新绛工艺美术厂大楼

▲ 图1-18　宁思根（左二）

图1-19 柴秀刚（中排右三）

图1-20 丁秀成（前排中）

图1-21　兰福泰（前排中）

图1-22　工艺厂工艺车间人员留影

门的设计与技术人才（图1-23）。老一代艺人大多因为家境贫寒才学艺养家，所以这些老艺人几乎没有上过学，文化水平不高。后来进入工厂的年轻人为行业注入新鲜的血液。他们不但继承了古代名匠的传统技法，还在实践中不断改进和提高，形成了自己独特的风格（表2）。新绛工艺美术厂的规模不断壮大，从业人员最多时达到580余人。几百人的经验汇集起来，云雕工艺流程高密度聚集在一起。新绛工艺美术厂的产品屡屡获奖（图1-24），1978年被山西省经济贸易委员会命名为"信得过产品"，1979年评为"山西省优质产品"，1988年和1990年又先后获国家百花奖银奖和百花奖金奖。

新绛工艺美术厂有三大支柱产业：第一是款彩；第二为云雕；第三是螺钿。云雕的制作周期比较长，所以它的产量不可能胜过款彩，但是它的名气大，利润也比较高。新绛工艺美术厂的云雕产品主要由天津外贸公司统销出口到日本、加拿大、美国、东南亚等40个国家和地区。20世纪70年代，新绛工艺美术厂主要研究仿照宋元的小件云雕，有八角盘、长方盘、卷几、圆盘等（图1-25～图1-27），其主要特征为朱四层、黑四层、面黑色，刻纹约4毫米，纹饰为古代云纹。20世纪80年代，中央工艺美术学院乔十光先生多次到新绛工艺美术厂参观指导，并亲自设计制作多件云雕作品，如《三鱼盘》《雷文盘》《城市》等作品（图1-28），推动了新绛云雕图案的变化，丰富了云雕的表现形式。

表2 新绛工艺美术厂各时期的代表性作品

代表产品	主要工艺	制作年代
564云雕桌	云雕	20世纪60年代
云雕长方几	云雕	20世纪70年代
云雕绣墩	云雕	20世纪80年代
云雕电话台	云雕	20世纪90年代
池塘情趣	刻灰	20世纪60年代
梧桐孔雀	刻灰	20世纪70年代
满园春色	刻灰	20世纪80年代
柳浪闻莺	刻灰	20世纪90年代
螺钿孔雀尊	螺钿	20世纪80年代
独角兽	螺钿	20世纪80年代

图 1-23 新绛工艺美术厂设计人员留影

图 1-24 新绛工艺美术厂奖状

▲ 图1-25 新绛工艺美术厂螺钿产品

▲ 图1-26 新绛工艺美术厂云雕产品

▲ 图1-27 新绛工艺美术厂云雕产品

▲ 图1-28　陈勤立参观乔十光云雕作品展览

　　新绛工艺美术厂的生产各有分工：有专门的设计人员、木工、制漆工、灰胎工、刷漆工、描屏工、彩绘工、雕刻工、打磨工、包装工等，材料的采购与产品的销售有专门的供销人员，各个工艺流程之间分工合作，每个工人能够熟练掌握自己的工种，在固定的岗位上进行的是流水线式的生产活动（图1-29）。新绛工艺美术厂时期的年产量非常大，一张订单就是上百件，最高时年产量达到15000件，产值达到500万元。新绛工艺美术厂最早生产的云雕都是外贸产品，功能上趋向于摆设品、观赏品，工艺上趋向于造型复杂、精雕细刻的特点，与日常生活的距离较大。在"云雕到底应该做什么"的问题上缺乏思考。

伴随着改革开放，在计划经济体制向市场经济体制转轨的过程中，传统工艺美术行业逐渐被边缘化。20世纪90年代以来大量工艺美术企业改制，行业重组。新绛工艺美术厂于1997年解散，云雕行业又回到了个体经营的状态（表3）。新绛工艺美术厂解体之后，很多技术工人流落到民间，一时间也出现了众多小型的民间作坊。但是由于工艺美术厂分工合作和流水线式的生产加工方式使得大部分工人的技术并不全面，在云雕的制作与经营上存在着各种问题。至今，新绛县的云雕从业人数在几百人，大家云雕、店头特种漆艺厂、黄河云雕厂等相对大一点的民间经营者支撑了下来。

表3　新绛县云雕产业沿革

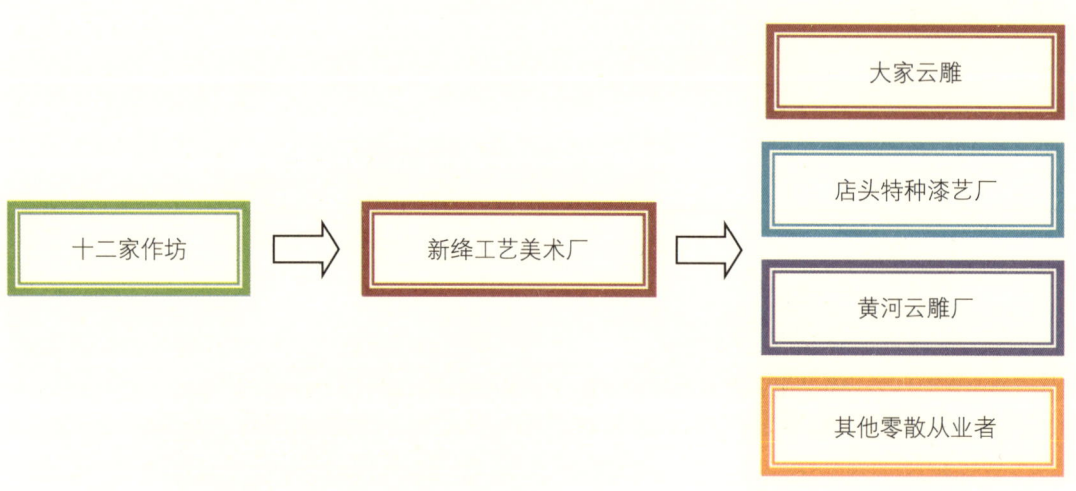

图1-29　刻灰车间工人

|第四节|大家云雕

陈勤立 27 岁时已经成为新绛工艺美术厂的技术厂长。在别人眼里这是一个前途无量的铁饭碗，但是陈勤立已经感受到了改革开放的步伐，他在妻子王素平的支持下首先迈出工艺美术厂的大门，创立了店头特种漆艺厂，成为当时个体经营的率先尝试者。

店头特种漆艺厂是新绛县第一个专门制作云雕的工厂。在店头特种漆艺厂的厂区里挂着一条横幅，他们的目标口号是"为云雕家具享誉中外而奋斗"（图 1-30）。在这一时期，陈勤立开始制作整套的云雕家具（图 1-31~图 1-33）。他们做好之后就租了辆大卡车，直接把产品运到广州去卖，陈勤立成为制作整套云雕家具的第一人。

店头特种漆艺厂在最初的经营中遇到了设计与资金的诸多问题。为了解决这些难题，1994 年，陈勤立又成立山西意丰家具装饰有限公司（图 1-34）进行现代家具的设计与制作。当初他们把产品运到广州并

▲ 图 1-30 店头特种漆艺厂"为云雕家具享誉中外而奋斗"

图1-31　云雕家具

　图1-32　云雕家具

图 1-33 云雕家具

图 1-34 山西意丰家具装饰有限公司被报导

没有赚到钱，但是在广州的经历却让陈勤立开阔了眼界。在设计风格上陈勤立借鉴新潮的港式家具，结果在新绛一下子就火了，做出来的产品全部卖出。陈勤立开始以现代家具支撑云雕家具，在制作现代家具的同时研究如何将云雕与现代家具设计相结合，为后来的云雕家具制作积累了经验。陈勤立明白，只有把传统云雕工艺与现代家具设计结合起来，它才能有更大的提升。

随着创意经济的兴起，加之对非物质文化遗产保护意识的加强，手工艺正经历着一次深刻的回归。工艺美术产业迫切需要重新整合传统手工艺与现代生活的需要，形成新的产业业态。陈勤立在行业中积累了丰富的经验，从技术、设计到运营都形成自己独到的见解。新的时代产生新的需求，如何将几辈人的云雕传统技艺传承下去，如何将云雕运用到现代生活中去是陈勤立在不断思考的问题。

2006年，陈勤立成立大家云雕研制所（图1-35）。他把主要的精力放在了云雕的研究

图1-35 大家云雕

上。一方面，他收集整理各时期的民间云雕作品进行系统的雕漆工艺研究；另一方面他探索云雕与现代建筑、现代居室环境相结合，创新传统图式使之融入现代构成的元素，结合新的材料与工艺制作出当代最好的云雕产品。陈勤立对"大家云雕"的定位很明确：第一，云雕要用大漆材料；第二，云雕不能批量化生产；第三，云雕不要做古董而要做与时代紧密结合的东西；第四，云雕面对的是高端消费群体，要观察他们的生活方式与需求，并引导他们的审美与品位。同时，大家云雕研制所注重对人才的培养，承担起新绛云雕文化传承与创新的使命（图1-36）。

图1-36　大家云雕

　　大家云雕研制所是陈勤立在经历了店头特种漆艺厂、山西意丰家具装饰有限公司的创业基础上成立的。大家云雕研制所是时代变迁的产物，是目前云雕独立创作与运营的典型存在方式，它承载着陈勤立的艺术理想，像一叶扁舟在时代的风潮中波浪式前进。陈勤立在工艺美术厂的经历以及在创业的过程中积累的丰富经验，在云雕技艺探索和经营模式上形成了自己鲜明的特点，行业理想更加清晰。大家云雕研制所阶段是陈勤立云雕创作的成熟阶段，在他的引领下大家云雕创作出了很多优秀的当代云雕作品（图1-37）。

▲ 图1-37　大家云雕展厅作品

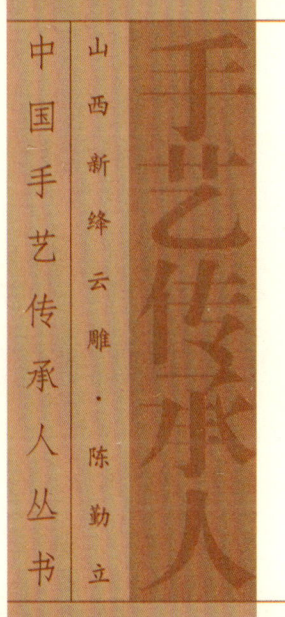

第二章

艺术生涯

| 第一节 | 工厂学习

1960 年 11 月 10 日（农历一九六〇年九月二十二日）陈勤立出生于新绛县四府街的陈家大院里。四府街是新绛县城的一条主街，因曾经住着乔家、陈家、谢家、陶家四个大户而得名"四府街"（图 2-1～图 2-3）。陈勤立的家族为生意世家，爷爷做过票号生意。在陈勤立的记忆中，家里有很多漆器、瓷器、字画收藏，他从小就非常喜欢把玩这些东西，这也为他后来从事云雕设计与制作奠定了一个内在的基础。后来这些收藏在"文革"中皆已焚毁，令人惋惜不已。

16 至 18 岁时陈勤立在新绛一中美术组学习绘画。新绛一中美术组每个星期的星期一、三、五下午全部都是搞美术活动，专业课比较多。热爱绘画的陈勤立是他们年级美术组的组长，这为他进入云雕行业打下了绘画的基础（图 2-4）。新绛一中是一所百年老校（图 2-5），就建在唐代大殿遗址"绛州大堂"的旁边（图 2-6），左边紧靠"绛州三楼"鼓楼、乐楼和钟楼（图 2-7），北面是新绛著名的"隋代花园"（图 2-8）。陈勤立在乐楼的石阶上上过体育课，在绛州大堂读过书，在隋代花园纳过凉……陈勤立生长在文化资源丰厚的新绛古城，地域文化在他身上产生了潜移默化的影响。

1979 年 9 月，19 岁的陈勤立高中毕业后进入新绛工艺美术厂学习云雕工艺，从此与云雕事业结缘（图 2-9）。陈勤立进入工艺美术厂之后刚开始是跟雕刻师傅吕青竹学习刻灰工艺。陈勤立聪颖好学，进步很快。当时工艺美术厂里设计组全部都用毛笔直接在屏风上画画，陈勤立凭借扎实的绘画基础被调入设计组从事设计工作。陈勤立在刻灰车间学习三个月就直接到了设计组，这在工艺美术厂历史上是独一无二的。在设计组，陈勤立得到当时工艺美术厂技术厂长王发全的指导（图 2-10），逐渐成为新绛工艺美术厂的骨干力量。

从 1979 年进入工艺美术厂到 1990 年退出，陈勤立经历了工艺美术厂的辉煌时代。陈勤立是工艺美术厂培养起来的工艺美术人才，他接受了老一辈艺人的工艺技能和工艺精神，经历了从"行业工艺美术"经营模式到"个体工艺美术"经营模式的转变过程。陈勤立在工艺美术厂的从艺历程凝结着时代的特点，奠定了他的云雕工艺的根基。

图 2-1　20 世纪 60 年代绛州老街道

图 2-2　安子巷民居

图2-3 新绛民居胡同

图 2-4　新绛中学留影（最上排右二为陈勤立）

图 2-5　新绛一中旧址

唐代柱础

图 2-6 绛州大堂

图 2-7 "绛州三楼"之乐楼

🔼 图 2-8　隋代花园

🔼 图 2-9　年轻时的陈勤立

🔼 图 2-10　陈勤立（左二）与王发全（左三）等合影

| 第二节 | 艺术学院熏陶

一、四川美术学院

　　1980 年的时候，沈福文在四川美术学院举办了一个全国漆器设计人员培训班。全国漆器行业的设计人员通过给四川美术学院寄作品进行参评。陈勤立寄了三幅作品后入选。当时全国一共有 19 位学员（包括福州、山西、北京、成都、浙江等各地漆器行业的设计人员）被选入四川美术学院学习。沈福文院长对这个班很重视，因为他们都是来自全国从事漆器行业第一线的设计人员。培训班由沈福文院长亲自上课。在四川美术学院的学习使得陈勤立的思想发生了重要的转变，他从热爱绘画转变为一个以做漆艺为目标的青年，并且学习了美术专业院校对工艺美术行业提出的一些想法。在四川美术学院学习一年后陈勤立回到新绛工艺美术厂。随后的几年里，陈勤立着重将民间工艺和学院派工艺美术进行结合。

二、中央工艺美术学院

　　1986 年，中国美术馆举办首届中国漆画展，陈勤立有四件漆画作品入选（图 2-11）。其中，作品《华夏魂》被中国美术馆收藏（图 2-12），作品《日红月香》获得了"优秀作品奖"（图 2-13）。乔十光先生在看了漆画展以后把漆画展上的三位获奖者收为门徒，一个是陈勤立（图 2-14、图 2-15），一个是吴可人，还有一个是唐明修。后来，他们成为推动中国漆艺发展的中生代力量（图 2-16）。在中央工艺美术学院的学习经历使陈勤立真正知道了漆艺是什么，漆画是什么，艺术目标也就更加明确了（图 2-17）。这次学习对于陈勤立后来的云雕创作起到了重要的催化作用，他的创作风格发生了根本的改变。他将漆画磨破的技法运用到云雕的创作中，在视觉上丰富了云雕的语言，这是漆画语言在云雕工艺上的有效拓展，这也是云雕几百年不变的视觉模式上的突变（图2-18）。

　　当时的上学方式叫作"厂来厂去"，陈勤立在艺术院校学习后又回到新绛工艺美术厂，将他的所学应用到实践中。两次艺术院校的学习经历提升了他的艺术造诣，明确了他的艺术目标，深化了他的艺术思想，这些经历在他的云雕作品中也有着深刻的体现。

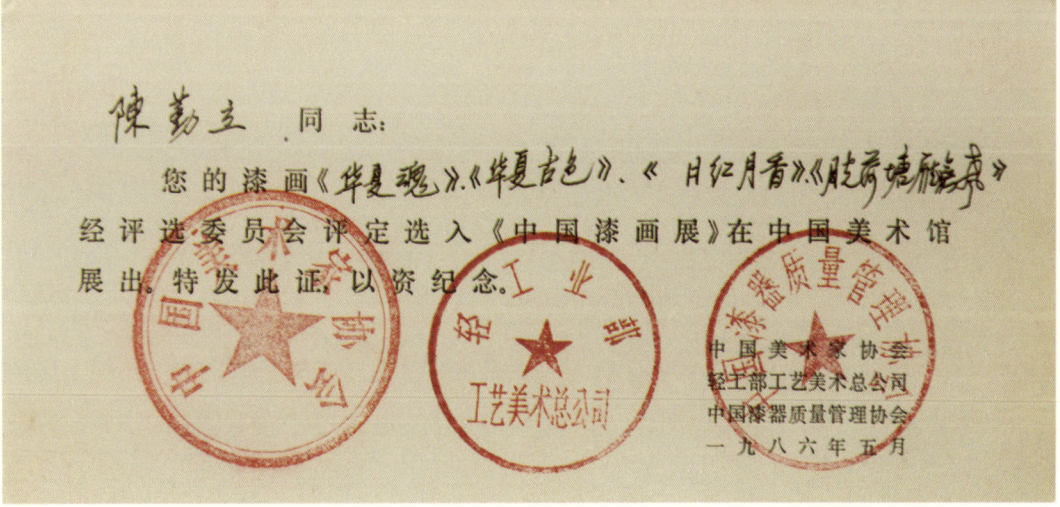

图2-11　1986年第一届中国漆画展入选证书

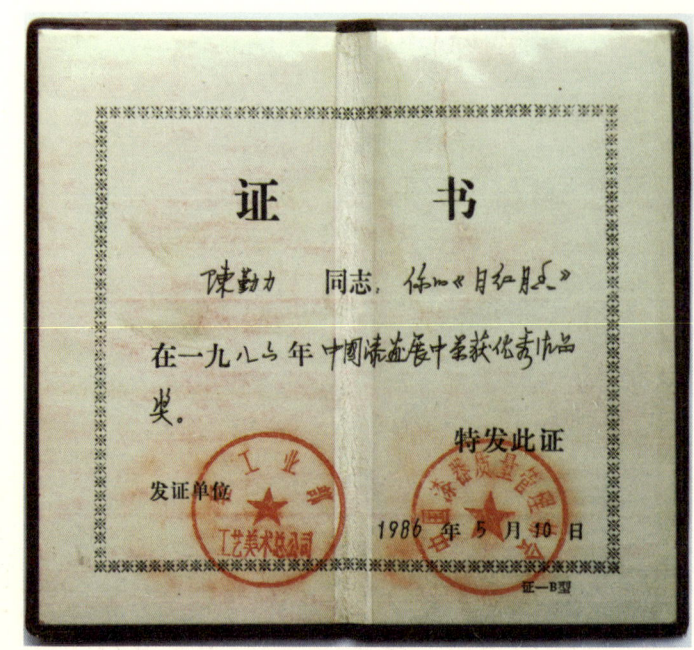

中国漆画展
展品获奖和收藏情况

《中国漆画展》七百零一幅展品中，一百
九十八幅评得优秀作品奖或工艺奖。中国美术
馆收藏二十四幅，中国工艺美术馆收藏二十三
幅，如下：
中国美术馆收藏：水巷（福建·谢嘉甄）
老子出关（福建·王和举）
农家（福建·林小坚）
春融（甘肃·周兆颐）
冬菇（江西·易武）
渔村（江西·成跃辉）
夜泊（江西·樊德康）
此物最定情（江西·肖小源）
泊（江西·熊建新）
秋江帆影（江西·罗林儒）
幽篁（江西·尹星忠）
酣（江西·赵佩芳）
夕阳城（江西·余春明）
瓜叶梅（广东·马文奇）
山村（天津·王振顼）
翠谷（天津·黄维中）
源流（江苏·吕惠洲）
△华夏魂（山西·陈勤立）
觅（山西·申明远）

图 2-12　1986 年中国美术馆的漆
画收藏记录

图 2-13　1986 年陈勤立漆画作品获奖证书

图 2-14　陈勤立在 1986 年漆画展留影

图 2-15　陈勤立（左一）在中央工艺美术学院学习期间与乔十光的合影

图 2-16　2013 年湖北国际漆展上陈勤立（左一）与同学吴可人、唐明修、老师乔十光的合影

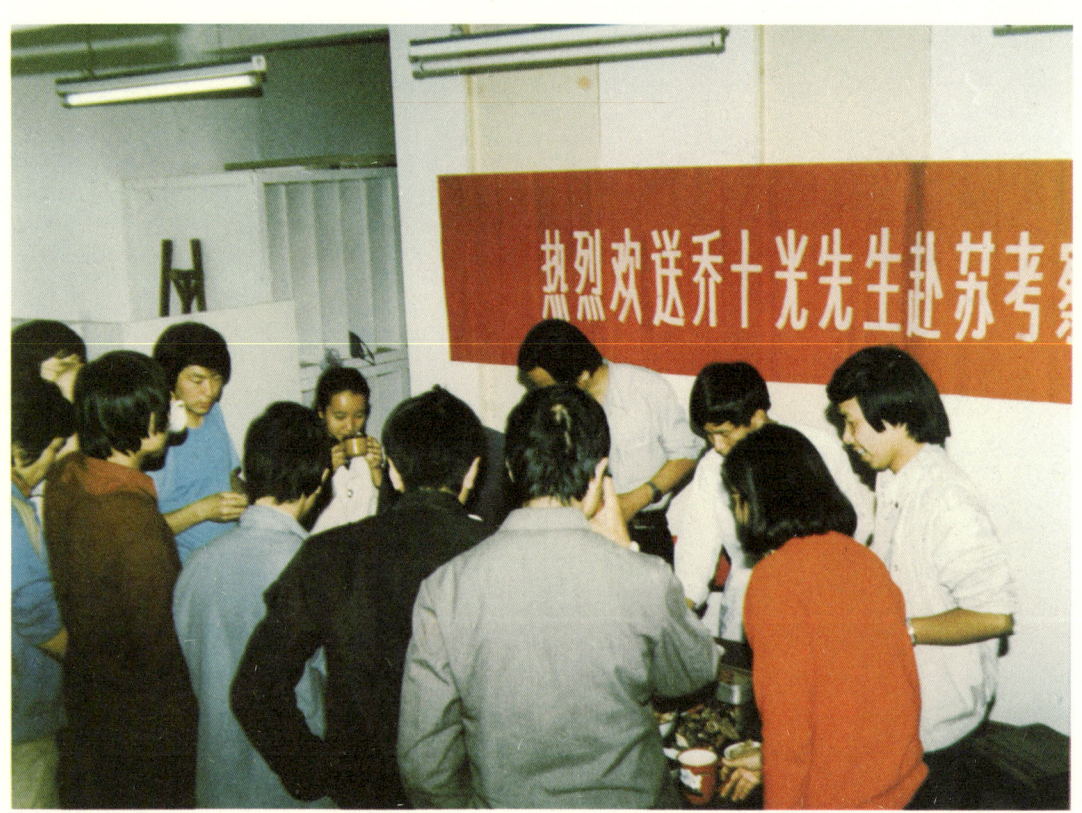

▲ 图 2-17　陈勤立（右一）在中央工艺美术学院学习时期的留影

▲ 图 2-18　陈勤立在中央工艺美术学院学习时期的漆画创作

| 第三节 | 漆艺世家

　　陈勤立在新绛工艺美术厂不但找到了终身从事的云雕事业，还找到了志同道合的人生伴侣。1984年，陈勤立与王素平结婚（图2-19）。王素平出身于漆艺世家，其父王发全为新绛工艺美术厂技术厂长（图2-20），其母孙桂芳为工艺美术厂刻灰车间主任，他们都是新绛工艺美术厂的骨干力量（图2-21）。

　　王发全生于1940年1月，病逝于1994年1月，去世时年仅54岁。王发全在一个木工家庭长大，后来作为木工被招进新绛工艺美术厂。王发全的绘画基础好，所以他成为工艺美术厂的第一代设计师和第一代产品主创人员。王发全是新绛工艺美术厂的传奇人物，他将毕生精力都献给了工艺美术厂。王发全生前任新绛工艺美术厂技术厂长、中国工艺美术协会会员、山西省工艺美术协会理事、中国工艺美术品百花奖评委会委员。王发全在中国漆器研究方面独树一帜，他在款彩、云雕和螺钿技艺方面均有建树。

　　新绛工艺美术厂原来以生产工艺镜面、毛笔、木梳、首饰盒等民间用品为主，全年总产值只有10多万元。为适应生产的需要，王发全发挥自己的绘画特长，虚心向老艺人请教，他革新工艺技法、拓展工艺产品类别并著书立说，为后人留下了宝贵的财富。王发全极具绘画天赋，刻苦自学，画风细腻。他设计出《池塘清趣》（图2-22）、《紫气东来》（图2-23）、《抚琴消夏》（图2-24）、《清溪闹色》（图2-25）、《满园春色》（图2-26）、《柳浪闻莺》（图2-27）等漆屏风画稿，画面古朴清新、韵味厚重。王发全在用漆和着色上既有中国漆艺传统的工艺手法，又大胆借鉴现代工艺技术，因而他设计的产品深受外商的喜爱。从1966年开始，工艺美术厂的产品出口量大增。王发全设计的画稿支撑着新绛工艺美术厂的生产局面，为工艺美术厂的发展奠定了基础。

　　在云雕新产品方面，王发全设计出大圆桌、绣墩、大条几、首饰柜以及罐、盒等小件30余种新产品（图2-28）；在螺钿漆器方面设计出"螺钿独角兽""鹿驮瓶""凫（fú）尊""鹤尊""兽尊"等各类爵、盒40多个新品种；在刻灰新产品方面设计出各

图 2-19 陈勤立与王素平

图 2-20 王发全

图 2-21　王发全与孙桂芳

图 2-22　《池塘清趣》屏风

▲ 图 2-23 《紫气东来》屏风

图 2-24 《抚琴消夏》屏风

图 2-25 《清溪闹色》屏风

图 2-26 《满园春色》屏风

⬆ 图2-27 《柳浪闻莺》屏风

⬆ 图2-28 云雕绣墩

种花架、箱柜、灯台、绣墩、大镜框、花筒、花台等 20 余种新产品（图 2-29）。王发全的设计增加了漆器产品在不同领域的应用，使传统的漆器品种得到了进一步的扩大。发展到 1990 年，工艺美术厂的年总产值达到 500 万元，成为新绛县屈指可数的盈利大企业之一。

王发全在革新漆器工艺技法方面的成绩主要有：一、改进漆器做旧工艺，使刻灰产品更加古朴典雅、色泽一致；二、改进上色工艺，形成自己的独特风格；三、将木刻刀具引进刻灰产品，提高了画面的艺术效果；四、发明了感光印图法，保证了设计稿与成品画面的一致性；五、改进家具工艺的木胎结构，降低了产品的成本；六、刻灰产品用漆的改进，使产品成本降低；七、发明深海水贝螺钿开剥技术，此技术一直沿用至今。

王发全在 30 多年漆艺产品的设计生产中积累了丰富的经验，为了使工艺美术技术具有统一性和可操作性，他将自己多年的经验和技艺编著成册，如《刻灰云雕美术学概论》《传统漆艺画稿集》《木工手册》等，同时还编制了《云雕操作工艺规程》《刻灰围屏操作工艺规程》《螺钿操作工艺规程》等，将各产品工艺规程编印成册，有效地保证了漆器产品的质量。

1984 年，王发全设计制作的《螺甸（钿）独角兽》被轻工业部评为中国工艺美术品百花奖"优秀创作设计二等奖"（图 2-30），载入中国工艺美术发展的史册；1986年，大型屏风《柳浪闻莺》参加全国质量评比，被轻工业部授予"优质产品"称号（图 2-31），该作品被美国驻中国大使馆收藏；1987 年，《永乐思情》刻灰壁挂被评为山西省工艺旅游产品"优秀创作设计奖"（图 2-32）；1987 年，《564 云雕桌》参加全国工艺美术作品展获得银杯奖（图 2-33～图 2-35），云雕桌每年出口到日本 1000 多张。王发全一生获得了众多的表彰、荣誉，1990 年，经中国漆器质量管理协会、漆艺研究中心、中国漆艺家评审委员会评定授予他"第一届中国漆艺家"称号（图 2-36）。

王素平小的时候就在父亲的背上天天看着他画画。她自幼受到父亲的影响，喜欢绘画。她从小跟随父母在工艺美术厂的车间玩耍，耳濡目染，也渐渐迷上了漆艺。1981年，福建工艺美术学校第一次在全国招生，王素平参加了全国统考。当时参加考试的人很多，录取比例比较低，山西省只录取了三四个，其中就包括王素平。1982 年至 1985年，王素平考入福建工艺美术学校学习（图 2-37）。王素平在福建工艺美术学校上学的时候专业课一直是班里的第一名。她画图案很轻松，一上手大家就觉得这图案画得太熟练了。毕业之后，王素平回到新绛工艺美术厂专心研究大漆技艺（图 2-38）。为了追求

图 2-29　云雕电话桌

图 2-30　《螺甸（钿）独角兽》奖状

▲ 图 2-31　刻灰围屏《柳浪闻莺》奖状

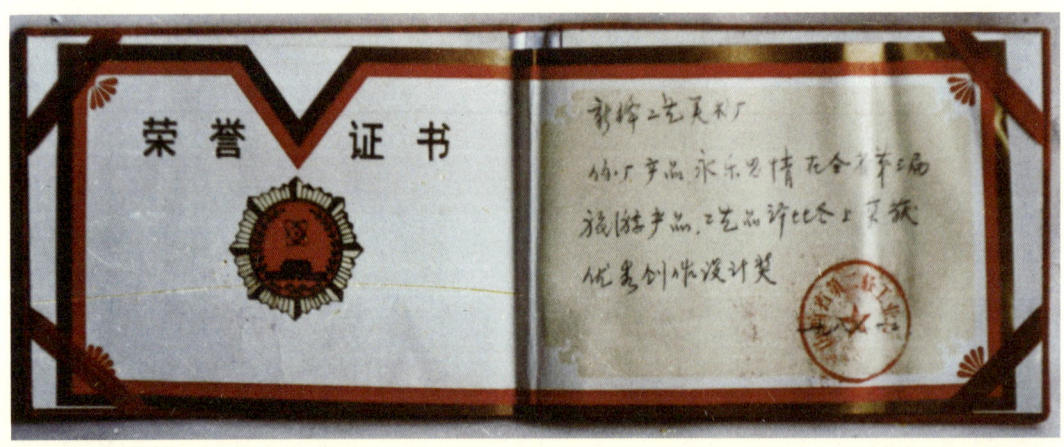

▲ 图 2-32　屏风《永乐思情》获奖证书

▲ 图 2-33 《564 云雕桌》

▲ 图 2-34 银奖杯

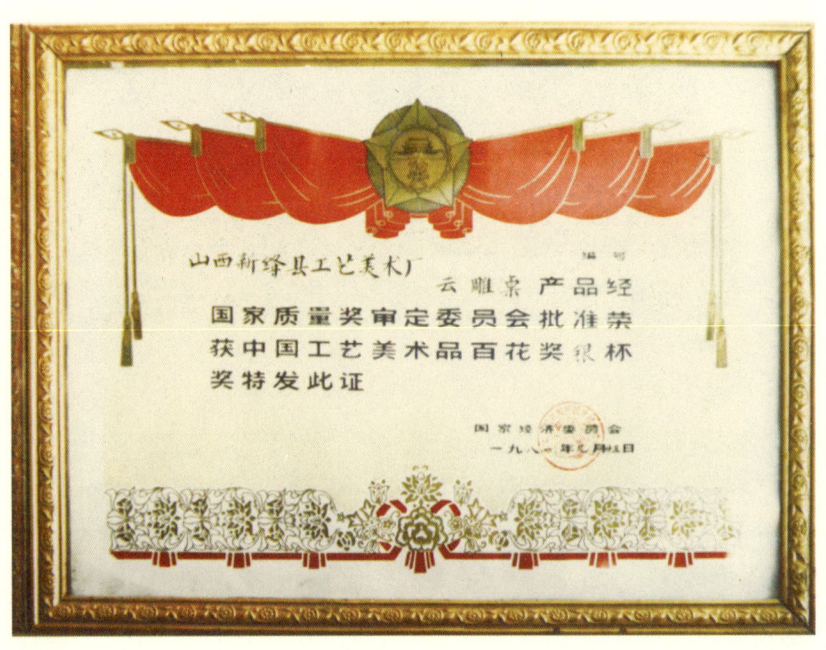

图 2-35 《564 云雕桌》奖状

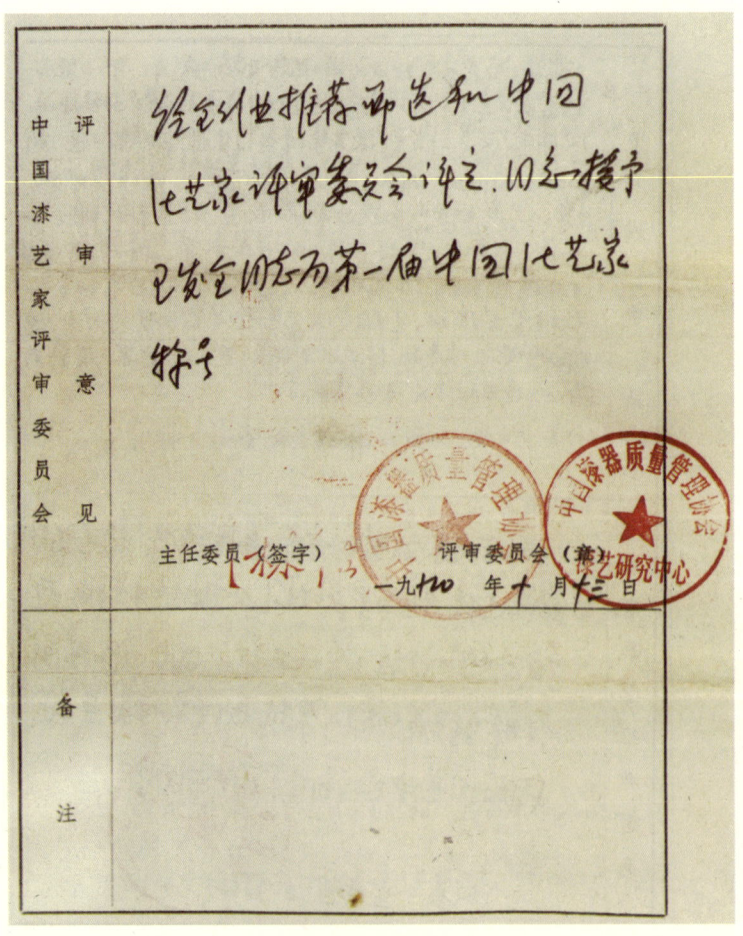

图 2-36 1990 年授予王发全"第一届中国漆艺家"文件

▲ 图 2-37　王素平（后排左起第五）

▲ 图 2-38　王素平工作照

事业的进步，王素平与陈勤立结婚后 4 年没有要孩子。在那个年代，他们的选择是不被社会理解的。王素平说，其实他们就是想把自己所学到的东西干出来。直到 1988 年他们的孩子陈丰才降生（图 2-39）。正是对事业的这份执着与用心，陈勤立夫妇能够相互支持、相互激励、相濡以沫。

　　陈勤立和王素平在工艺美术厂得到父亲王发全手把手的传授与教导，一家人经常在一起探讨绘画、工艺与设计。在工艺美术厂设计科共计八人中，王家就有三人。有人曾开玩笑说："工艺美术厂是王家的天下。"王发全与陈勤立、王素平在设计科时期工艺厂年销量 15000 多件、年创收 500 万元。的确，王家人为工艺美术厂的建设忘我地工作、真诚地投入，王发全终因常年带病工作，积劳成疾，累倒在工艺美术厂的办公室里。老一辈流传下来的不仅是技艺，还有敬业的精神。

　　陈勤立能够坚持云雕理想除去自身的因素之外，也离不开漆艺世家的影响。在这样一个氛围中，陈勤立能够使自己沉浸在云雕之中，可以很深入地思考，可以不断得到支持的力量。

　▲ 图 2-39　陈勤立一家三口的合影

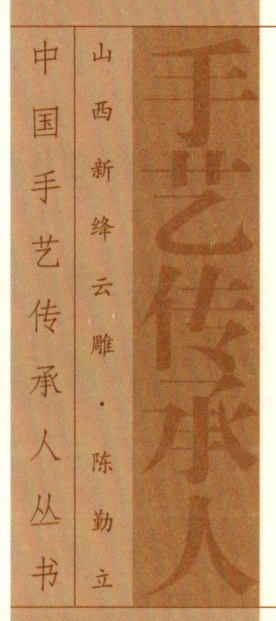

第三章

云雕技艺的传承与创新

| 第一节 | 坚守理想

"做新时代的云雕王","把云雕做到最好","要让云雕走向世界",这是陈勤立对自身的要求和对云雕前景的期望。他是一个有艺术理想的人,他的理想不仅仅局限在新绛云雕的小范围内。正是因为怀揣着这个梦想,陈勤立从19岁进入云雕行业至今30余年,从未间断过对云雕事业的追求。

在工艺美术厂时期,陈勤立最早接触的云雕都是为外贸出口或者为某个展览会做的一个产品而已,他的目标却远不止如此。要做最好的云雕,就要知道最好的云雕是什么。他说,如果没有见过市面上最好的云雕也就不知道超越的标杆在哪里。从留存实物来看,陈勤立认为史上最好的云雕当属元末明初"张成造剔犀云纹盒"(图3-1)。此盒直径14.8厘米,高6.2厘米,刻纹深约1厘米,概为文具盒或首饰盒。"张成造剔犀云纹盒"为木胎,表层黑漆,刀口显露朱漆三层。盖面与盒身满雕如意云头纹,漆层丰厚、髹漆光亮莹润、刀法流畅,是藏于安徽省博物馆的国家一级甲等文物。为了研究"张成造剔犀云纹盒",陈勤立先后三次到展览现场观摩实物,观察"张成造剔犀云纹盒"的云头大小、漆层深度、色层的关系以及刀法等细节,回来后反复研究揣摩(图3-2)。历时两年终于"临摹"完成一件"张成造剔犀云纹盒"(图3-3)。此盒髹漆260层,仰瓦式雕刻方法,浑厚圆润,令人惊叹。后来陈勤立总结道:"学习油画需要临摹,学习云雕也需要临摹啊!通过临摹古代最好的作品体会古人的技艺。但是我发现制作的技术并不是最重要的,我想知道:他为什么这样做?他审美的出发点是什么?为什么只做3个云头?为什么刷260道漆的时候厚度刚刚好?……我想古人对于时代的审美取向、漆层的厚度、雕刻的风格等都有非常严谨的掌握,一定要有丰富的经验才能把握得如此到位(图3-4)。"在临摹"张成造剔犀云纹盒"的过程中,陈勤立仔细揣摩每一个细节、研究每一道工艺,这是陈勤立深挖云雕技艺的一部分。

漆器收藏是陈勤立的一个爱好,更是陈勤立向前辈学习的一个重要的途径。在新绛经常能够看到古代漆器和云雕小件出现在民间文物市场。陈勤立收集了一些古代

图 3-1　张成造剔犀云纹盒

图 3-2　绘图

图 3-3　张成造剔犀云纹盒临摹

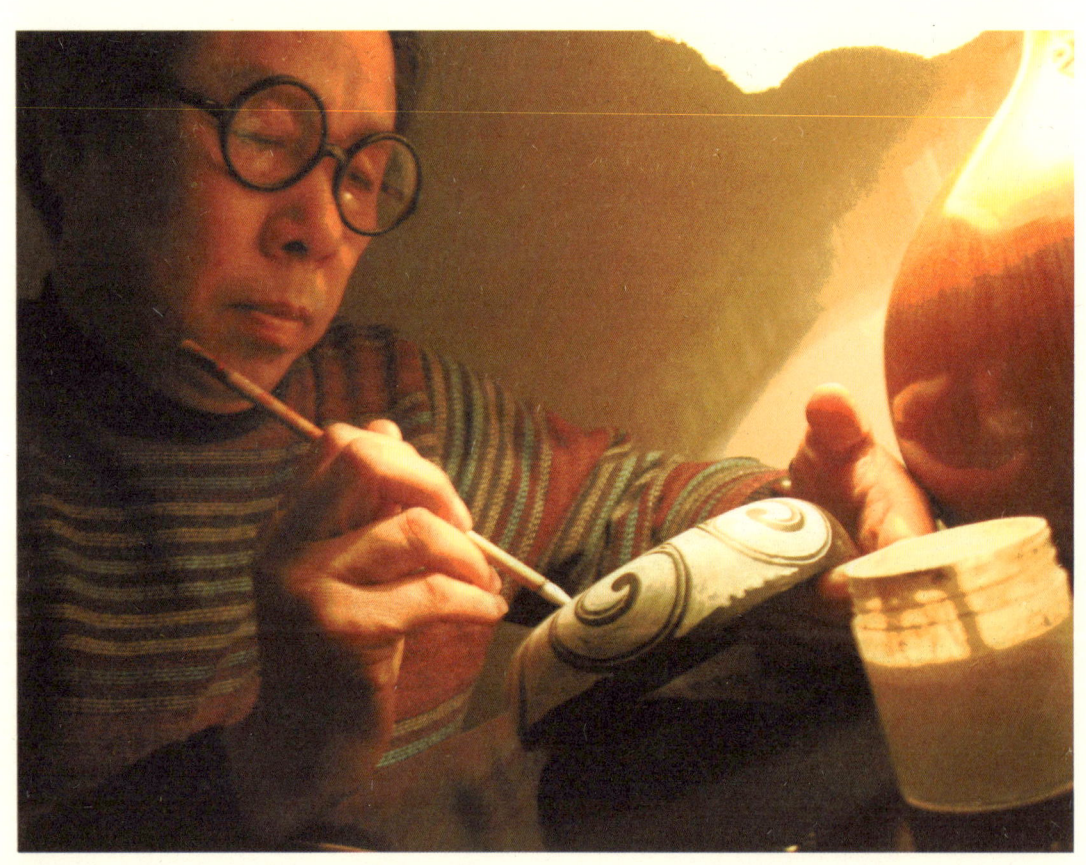

　图 3-4　绘图

漆器残片，将其切开来解析古代漆器制作的材料与方法。在陈勤立的工作室中，我们看到他精心收藏着几十片这样的东西，这是陈勤立向前辈学习的实物依据。陈勤立拿出了几个脱胎小碗（图3-5～图3-9），分析道："这两个脱胎的碗一般大，很标准，肯定是一套。那么，为什么它的器形这么标准呢？必定有一个模具，这个模具是一个什么样子的？剖开它最终找到的全是布，只有底口这里有一块小木片，而且这个小木片中间有一个小坑，这个点就是当时制作碗的中轴。有了这个中轴碗才可以做得这么标准，没有这个中轴的话这个碗可能就没有这么圆。所以说古人有他们的方法，但是具体是什么方法我们还要去研究（图3-10、图3-11）。"

陈勤立说："要把云雕的价值放在历史当中去评判，真正好的云雕作品是经得起历史的考验的。"所以他并没有急于将云雕转化为经济利益，他说赚钱的方式可以有很多种。他想的更多的是如何将云雕做得更好。云雕的工艺与材料决定了它不可能走大众化的模式，他要把云雕做成当代的时尚品、奢侈品。这也是陈勤立在当下急功近利的社会环境中能够坚守理想的思想根基。

图3-5　收藏品1

图 3-6　收藏品 2

图 3-7　收藏品 3

图 3-8　收藏品 4

图 3-9　收藏品 5

⬆ 图 3-10 收藏品的口沿图

⬆ 图 3-11 收藏品的剖面图

第二节 传承创新

　　近些年，陈勤立的大漆云雕作品频繁地出现在国内外重要的漆艺展览上，引起了广泛的关注。他的云雕技艺既尊重传统又不拘泥于传统。在技法上，陈勤立努力向传统探寻，在古代漆器的临摹与研究中探索古人漆器制作的技艺与精神；在设计上，他积极思考云雕与当代生活的关系、现代人的审美以及当代漆艺技法在云雕中的运用。他不断借鉴当代设计理念，将云雕与环境、现代家具、陈设、装饰等结合起来，在云雕的造型、图式、体量、技法、功能性以及表现语言等诸方面进行探索。陈勤立突破了云雕的传统模式，具有不同于以往的独特的艺术风格。

　　这一路走来，创新观念支撑着陈勤立，他的云雕创作在每个阶段都发生着变化。工艺美术厂时期他接触的都是传统云雕小件。陈勤立从民间的实物中了解了一些传统的云雕样式，这是民间给予他启发的阶段。

　　1988年，陈勤立第一次尝试做云雕家具（图3-12）。他设计了一全套家具：梳

图3-12　陈勤立与第一套云雕家具

妆台、办公桌、沙发还有餐桌。那是云雕家具的雏形，主要参考传统的漆木家具和硬木家具的制作。这套家具作为婚礼用品在当时的新绛县城引起了轰动。听到赞誉的同时陈勤立也发现了很多问题，正是这一套家具改变了陈勤立对云雕设计的整个设想。

2005 年，陈勤立设计了 20 个盘子，运用了 20 种不同的表现手法，包括图形的刻法和色彩的对比等。在那个时候云雕出现了"磨破"技法，就是把漆画的黑里透红、红里透黑的理念第一次在云雕上尝试（图 3-13 ～图 3-24）。这 20 个盘子的设计与制作是陈勤立的现代云雕设计思路的第一次试验，也是一个转折。

🔺 图 3-13　云雕漆盘 1　　　　🔺 图 3-14　云雕漆盘 2

🔺 图 3-15　云雕漆盘 3　　　　🔺 图 3-16　云雕漆盘 4

图 3-17 云雕漆盘 5

图 3-18 云雕漆盘 6

图 3-19 云雕漆盘 7

↑ 图 3-20　云雕漆盘 8

↑ 图 3-21　云雕漆盘 9

↑ 图 3-22　云雕漆盘 10

↑ 图 3-23　云雕漆盘 11

↑ 图 3-24　剔犀云纹

　　2006 年，陈勤立创作出一件箱式茶几作品《祥云》（图 3-25），参加了第二届中国现代工艺美术展并获奖。如果说 20 个盘子的设计是云雕的一个新形式的探索，那么《祥云》是陈勤立现代云雕设计的一个开始。《祥云》的设计采用红与黑的交错与混搭，打破了传统云雕"红面"或"黑面"的视觉模式。

　　2007 年，陈勤立把"荷"题材做到花瓶上（图 3-26），做到家具上（图 3-27），做到小箱子上（图 3-28）。陈勤立把当时所想的东西都通过"荷"表现出来，刻出了很多种样式，这是他的"荷"系列阶段。"荷"系列作品注重云雕表面厚重的肌理感，漆的层次一次比一次厚。传统云雕多以线条为主，"荷"系列开始注重面的表现，整体上找到了画面的感觉。陈勤立在传统云雕的基础上融入了漆画的语言。

　　2007 年，陈勤立设计制作《云雕风水球》（图 3-29），这是目前陈勤立的云雕作品中体量最大的一件作品。它在图形设计与绘制、脱胎工艺、髹漆工艺、雕刻工艺上都是一次突破与挑战。

图 3-25　《祥云》

山西新绛云雕·陈勤立

🔺 图 3-26 剔犀荷叶瓶

🔺 图 3-27 "荷"系列家具

▲ 图 3-28 "荷"系列漆盒

▲ 图 3-29 《云雕风水球》

|第三节|艺术特点及代表作品

一、艺术特点

陈勤立云雕作品的艺术特点概括如下：

1. 功能上，更贴近于生活，作品与现代建筑空间、生活方式发生直接的关系。

2. 图式上，不再局限于传统云纹等图式，而是大胆创新，根据自身的艺术审美创作出荷、梅等新的云雕图式。

3. 刀法上，在传统深峻式和仰瓦式刀法的基础上发展出片刀法，拓展了雕刻语言。另外，陈勤立还将雕刻与磨绘技法综合运用，在传统刀法的基础上将漆画的语言运用到云雕中，增加了云雕的艺术表现力。

4. 体量上，大件云雕作品克服了云雕制作工期长、操作难度大的局限性。

5. 品类上，除了小件云雕作品的改进还增加了陈设类、家具类、装饰类产品的设计。

6. 风格上，增强了现代性、构成感、表现性。

7. 制作上，沿用传统工艺技法，在熬漆、制胎、雕刻、打磨以及相关工具的制作和使用上延续了云雕的传统，使得这个古老的工艺在变化中仍然保持着根本。

二、代表作品

陈勤立各时期的代表作品

作品名称	创作时间	材料工艺	设计思想	参展、获奖及收藏情况
1.云雕家具设计（见图3-12）	1988年	木胎，增加了漆层的厚度，雕刻纹线由原来的4mm加宽到6mm~8mm，局部配饰有了浮雕开窗、贴金装饰	从小件走向大件云雕的设计与制作，为云雕漆器走进生活、走向实用开创了新的领域	民间私人收藏
2.中国古典云雕家私三十三件套（见图1-31）	1990年	木胎，古典云雕家具风格探索	大型云雕家具的进一步实验与拓展	运城宾馆 晋祠宾馆 长治宾馆
3.云雕漆盘系列（见图3-13~图3-24）	2005年	脱胎，在图式设计与云雕表面处理上寻求新的视觉效果，"磨破"是云雕制作上的突破点	云雕多种技法综合性的探索阶段，此作品是作者在一段时间内对云雕思考的集中呈现，从此以后在云雕设计上有了突破性转变	第一届从河姆渡走来——中国现代漆艺展
4.《祥云》（见图3-25）	2006年	木胎，开始考虑漆层之间的关系，由原来单一的红面、黑面转换为红黑相间的构成排列方式，呈现一种现代视觉效果	较传统云雕形式发生了较大的变化，运用了现代构成设计，云纹增加了现代漆画的磨破技法，黑里透红，增强了云雕的表现力，使整个作品面目一新	第二届中国现代工艺美术展，获得"华艺杯"银奖
5.《荷风送香Ⅰ》（见图3-30）	2007年	木胎，深峻式与仰瓦式雕刻方法与磨破、磨圆技法的结合使用，表现性强，凸显云雕厚重的体量感以及温润如玉的质感	"荷"系列的开启，在云雕表现性上的探索，图式上运用荷叶的纹理，改变云雕固定的云纹等传统图式风格	第二届从河姆渡走来——中国现代漆艺展，获得一等奖
6.《云雕风水球》（见图3-29）		脱胎，图形设计与绘制、脱胎工艺、刷漆工艺、雕刻工艺的一次突破与挑战	体量最大的云雕作品的一次尝试，考虑云雕与空间环境之间的关系	银泰国际大厦
7.云雕屏风系列（见图3-31~图3-33）	2008~2009年	平面木质结构胎体，漆层根据图示要求进行设计，多种雕刻方法的综合运用	现代设计思路实践，屏风作为在空间中展开的平面上进行云雕的多种表现性尝试	私人收藏

作品名称	创作时间	材料工艺	设计思想	参展、获奖及收藏情况
8.《生旦净末丑》屏风（见图3-34）		平面木制结构胎体，将面的处理与雕刻纹路的处理相结合，突出表达主题形象	大面积红色云雕纹饰为底，突出脸谱主体，将中国戏曲脸谱的传统图式与云雕工艺相结合	第三届从河姆渡走来——中国现代漆艺展，获得银奖
9.《荷风送香Ⅱ》（见图3-35、图3-36）	2010年	木胎，云雕刀法的综合使用，突出荷的质感	"荷"系列的延续，与《荷风送香Ⅰ》颜色进行反转，凸显荷叶的肌理感	中国美术馆"日用即道"展
10.《四柱首饰盒》（见图3-37）		木胎，现代云雕首饰盒设计	思考云雕与现代生活的关系，传统云雕图式设计与现代居室生活结合	乔十光画廊"玩饰展"
11.《60鱼缸》（见图3-38）	2011年	脱胎云雕鱼缸设计	将云雕运用到现代生活中	2011年漆艺大师精品展
12.《天圆地方》（见图3-39）		木胎云雕茶几设计	"天圆地方"的设计理念与当代生活的结合	2012年工艺美术双年展
13.《荷风送香Ⅲ》长茶台（见图3-40）	2012年	木胎云雕茶台制作	"荷"系列的延续，设计中荷叶不再满铺，留白作水的概念	
14.《东方漆语》（见图3-41）		木胎云雕家具设计：屏风、绣墩、书桌	"背山面水，两手浮云"的民间寓意，将漆艺的传统融入当下的生活	2013年湖北国际漆艺展
15.《规矩》（见图3-42）		木胎云雕家具设计	观念性在实用性之上，突出"规"与"矩"的概念设计	
16.《曲水流觞》（见图3-43）	2013年	木胎云雕茶台等设计	运用云雕设计表达"曲水流觞"的文人趣味，与现代建筑环境相映衬	
17.《剔犀云纹蒜头瓶》（见图3-44）		脱胎云雕设计	对传统的研习	1895中国当代漆艺展
18.《荷风送香Ⅳ》茶台（见图3-45）		木胎云雕茶台设计	"荷"系列的延续，在不同的器物和功能上延展，云雕与现代生活的结合	
19.《剔犀凤鸟鱼缸》（见图3-46）	2014年	脱胎云雕鱼缸设计	使云雕设计融入当下的生活	海峡漆艺大展
20.《剔犀水草盆》（见图3-47、图3-48）		脱胎云雕鱼缸设计	民间"福满盆"的寓意，将云雕融入当下的生活	
21.宋代《剔犀方盒》（见图3-49）		木胎，漆层厚积，刀工圆润	宋代剔犀美学实践	2014年日本"石川县国际漆展"

图 3-30 《荷风送香Ⅰ》

图 3-31 云雕屏风

073

▲ 图 3-32 云雕屏风

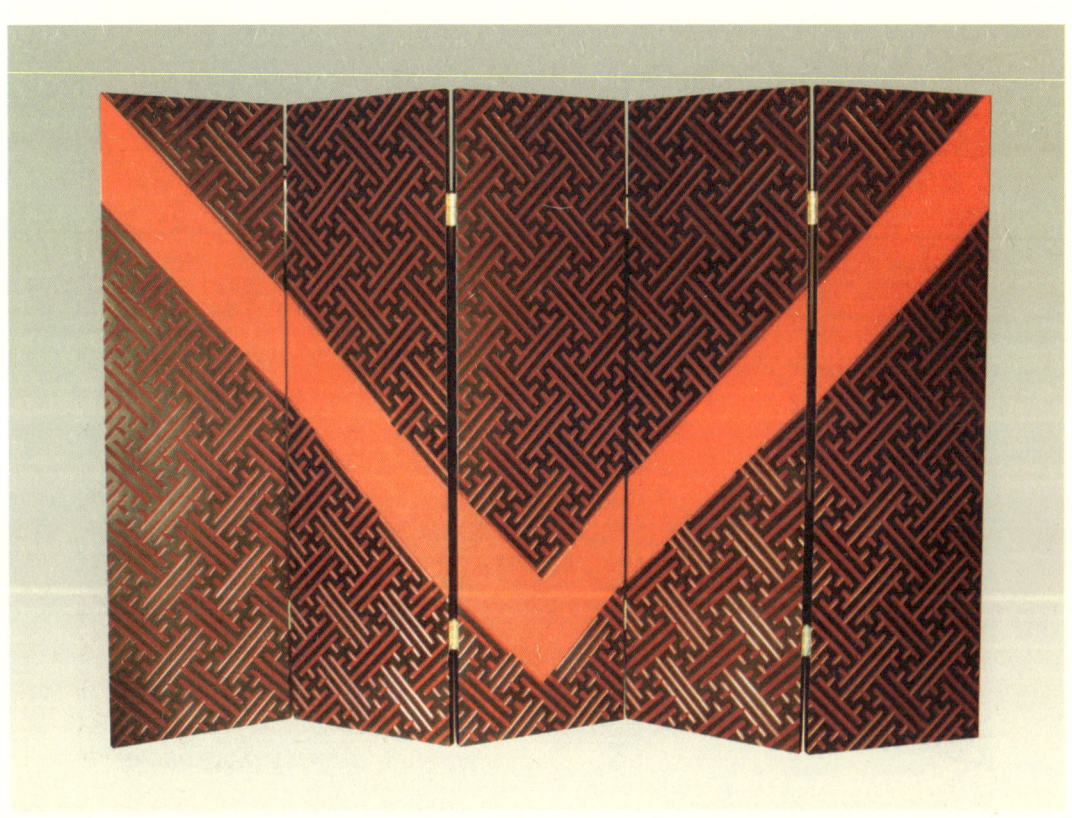

▲ 图 3-33 云雕屏风

pf—2002

图 3-34　《生旦净末丑》屏风

荷风送香

图 3-35　《荷风送香Ⅱ》

图 3-36 《荷风送香Ⅱ》局部

HE---2306

图 3-37 《四柱首饰盒》

60ZJ—— 鼓形鱼缸

↑ 图 3-38 《60 鱼缸》

↑ 图 3-39 《天圆地方》

图 3-40 《荷风送香Ⅲ》长茶台

图 3-41 《东方漆语》

图 3-42 《规矩》

图 3-43 《曲水流觞》

图 3-44 《剔犀云纹蒜头瓶》

图 3-45 《荷风送香Ⅳ》茶台

图 3-46 《剔犀凤鸟鱼缸》

图 3-47 《剔犀水草盆》在"海峡漆艺大展"现场

图 3-48 《剔犀水草盆》局部

☗ 图 3-49　宋代《剔犀方盒》

☗ 图 3-50　宋代《剔犀碗》

图 3-51 宋代《剔犀小方盒》

图 3-52 宋代《剔犀小方盒》局部

▲ 图 3-53　宋代《剔犀杯》

三、陈勤立设计思想摘录

《东方漆语》（图 3-41）

"这套书桌是应朋友之约而制作的。朋友提出要中国风格，中国风格有好多种，只因近现代崇洋媚外忘掉了自己，怎样找回'自己'正是我所想的。中国漆艺有着7000 年的历史，如何将漆艺的传统融入我们当下的生活，正是这套书桌所要承担的内容。书桌虽然不大，但是它寄托着我的许多想法。"

《曲水流觞》（图 3-43）

"《兰亭序》中的'流觞曲水、茂林修竹'经常在我的心中浮出。近年，表达这一主题的想法逐渐增强。如何用云雕来表现这一境界时常出现在我的思考中。一日，与多位朋友喝茶间突然涌出了一个想法，虽然现在已经没有当年文人雅士们天人合一的意境，而在钢筋水泥林立的城市空间中营造一种高古的先人情怀也是一种趣味。坐在这样一件器物前仿佛能够闻到山林的清新和泥土的芬芳。"

高仿宋元《剔犀》（五件套）（见图 3-49～图 3-53）

"向大师学习经常挂在嘴边，却迟迟未动手。当我下定决心动手就是从这几件宋元高仿器物开始的。经历了 700 多天的历程：脱胎、髹漆、画图、雕刻、推磨等等，每个步骤都用心揣摩，分析他们制作的工艺过程，研究他们为什么这样做，努力靠近先人，理解他们，最终深深地崇敬他们。"

《天圆地方》（图 3-39）

"设计源于古代建筑的柱基，柱基是柱体的承托物，又称'鼓蹬石'。石柱基的功能是承托建筑重力、防潮、防腐，形式为上圆下方，称作'天圆地方'，寓意'通天接地，坚如磐石'，许多人喜欢将其放置于宅院中。《天圆地方》剔犀茶几的设计采用了柱基的形式，注入了民间的寓意，而且漆质温润、轻巧细致，特别适合居室内的使用与陈设。"

《荷风送香Ⅲ》茶室五件套（图 3-40）

"每次走近荷塘，微风吹起水面，荷叶舒展的姿态让人感觉无比惬意。'荷'是我一直都喜爱的题材，作品中运用不同的雕刻方法将荷之美与材料之美展现出来。"

《剔犀云纹蒜头瓶》（图 3-44）

"向传统学习是我近年比较喜欢做的事情。以前做漆总是在传统与现代之间飘来浮去，突然觉得对传统了解得太少，我们的根还没有找到。剔犀云纹蒜头瓶虽然不大，但是我在制作中的体会很多。蒜头瓶是中国写意的体现，正如白石先生所讲'妙在似与不似之间'。云纹的使用历久弥新，它不是一个简单的图文，而是一种民族的符号和精神的象征。瓶身通体髹朱红色漆，是地道的中国红。"

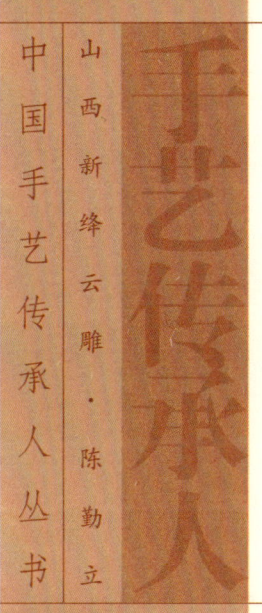

第四章

新绛云雕的材料与工艺

| 第一节 | 云雕材料与工艺概述

一、大漆的性能与特点

　　新绛云雕的主要材料是天然大漆，大漆是漆树皮下分泌的天然黏汁，它就像漆树的血液一样珍贵（图4-1）。漆字原作"桼"，象形，上木下水，指的就是生漆。漆树是我国的特有林木，主要生长在秦岭、巴蜀山地以及云贵高原，以陕西的生漆产量为最多。天然生漆具有耐腐蚀、耐高温、防潮、结膜坚硬、漆膜光泽温润细腻、黏性好、与木质等结合附着力强等性能，是漆器工艺制品的良好涂料。

　　漆农们割开漆树皮（图4-2），将其切成"V"字刀口，下面插接大的蚌壳，让漆液慢慢流入，然后再收集起来。（图4-3～图4-7）生漆的产量很低，每个漆农一天只能采割750～1000克，有"百里千刀一斤漆"之说。漆树也分青年期、中年期、老年期，一棵漆树的树龄满八年即可割漆。小暑至大暑期间气温高、湿度大时漆树产量高、质量好，最宜割漆，所割漆液称为"三伏漆"。生漆刚割出来时是乳白色，一接触空气便开始变色，黄、赭、褐，最后呈现黑褐色，所谓"白赛雪、红似血、黑如铁"。（图4-8）割漆时，不要把漆树皮整根切断，它的筋脉还是连着的，生长不受影响。割漆要充分考虑切口数、切口距离和割漆频率三者的关系，不能乱割。一棵漆树产十斤漆就不能再割，否则会导致漆树死亡。

　　工艺厂时期的生漆是由供销社垄断的，私人不可以买卖。1990年后才可以私人买卖生漆。过去工艺厂时期有专门的供货渠道，现在陈勤立制作云雕使用的生漆仍然是工艺厂时期的延续，产地来自陕西洛川。它的品质相对比较平稳，但是价格波动比较大，由最初的28元一斤漆，现在涨到200多元一斤。陈勤立是用漆的大客户，一年要买800公斤漆。每年分两次购买，第一次是在每年的九十月份，这时买的生漆是刚采下来的新漆；还有一次是在第二年的五六月份。一次不能存太多的漆，因为成本太高！

图 4-1　漆树的汁液

图 4-2 漆树割痕

图 4-3 割漆工具 1

图 4-4　割漆工具 2

↑ 图 4-5　割漆工具 3

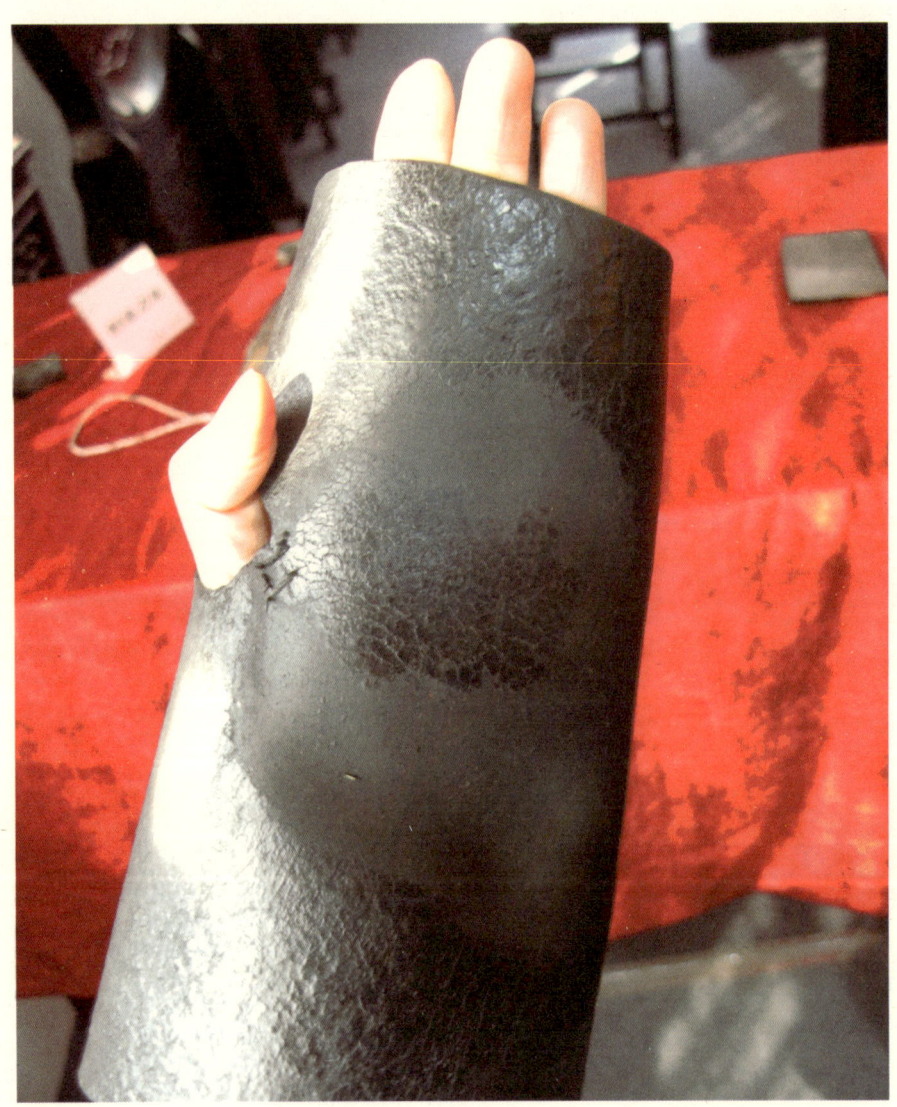

↑ 图 4-6　割漆工具 4

▲ 图4-7　割漆工具5

▲ 图4-8　生漆

二、就地取材

地方的工艺文化有就地取材的便利，可以说它也是地域资源孕育出来的。就地取材是很多本土工艺的特点，例如日本轮岛的漆工艺用到一种叫作"硅藻土"的材料就是轮岛的特产，黄土灰和瓦灰是陈勤立云雕漆器制作所使用的一种特殊材料。黄土灰（图4-9）是用当地的一种黏土磨成的粉末与漆调和使用。这种黄土灰在黄土高原到处都有，可以就地取材。瓦灰的硬度好，是可以用来抛光的材料。陈勤立将捡回来的老砖用打磨机粉碎，分出粗灰、中灰、细灰。制作瓦灰的砖是指清朝以前的老砖，民国以后的砖就不行了，因为它们的烧制方法不一样。新的砖为了防裂里面掺了沙子，把沙子都给沥出来后实际上它是一种陶土。陈勤立储存了很多唐代的砖，主要留做抛光用。

图4-9　黄土灰

三、云雕工艺过程与材料一览

　　云雕漆器的制作工艺是一个非常复杂的过程，从设计到成品需要经过多道工序。一般来说，一件云雕作品的制作周期至少需要半年的时间，每个工艺步骤都必须严格控制、规范操作才能保证最后的效果。云雕工艺的制作过程可以概括为以下步骤：1.制漆（验漆、熬漆、调漆）；2.制胎（木胎、渗漆、漆灰找平、裱布、刮灰）；3.髹漆（刷漆、放漆）；4.画稿（铅笔稿、纸版、上稿）；5.雕刻（打眼、刻、修角、挠）；6.打磨与抛光（砂纸打磨、瓦灰抛光、面粉抛光）。那么，每个云雕工艺过程都需要对应的材料，列表如下：

云雕材料一览表

材料	功用
生漆（见图4-8）	云雕制作的主要材料
桐油（见图4-10）	入漆，增加透明度、调节干燥度、增加韧性
碾硃（朱）（见图4-11）	调制红漆
氢氧化亚铁（硫酸亚铁+氨水）（见图4-12）	调制黑漆
木料（见图4-13）	底胎材料
棉布（见图4-14）	底胎材料
瓦灰（见图4-15）	底胎材料、抛光材料
黄土灰（见图4-9）	底胎材料
石膏粉	底胎材料
水砂纸、节节草（见图4-16）	打磨材料
面粉	抛光材料
食用油	抛光材料、泡刷子
煤油、汽油、松节油	稀释剂、清洗刷子

图 4-10　桐油

　图 4-11　硃砗（朱）

图 4-12　氢氧化亚铁

图 4-13　木料

图 4-14　棉布

图 4-15　瓦灰

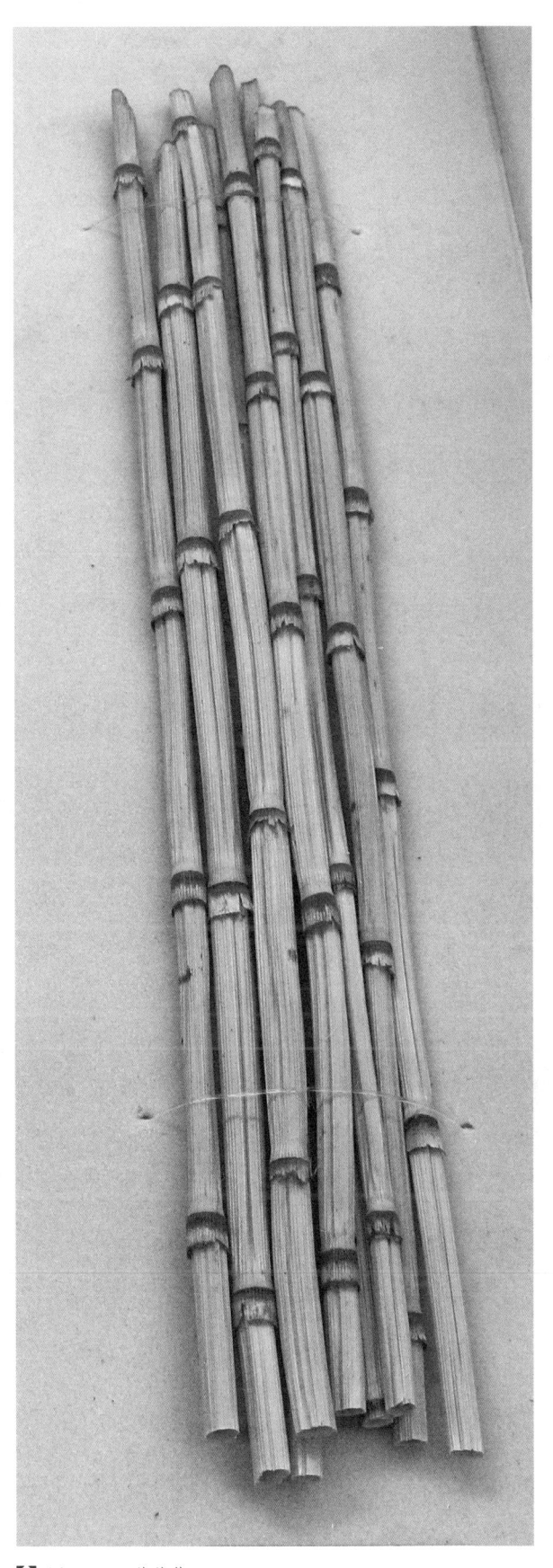

图 4-16　节节草

对于笔者来说，云雕的制作是非常神秘的，漫长而复杂的工艺过程中包含了很多的材料秘密和工艺技巧。而陈勤立却说民间的许多东西就是一张纸，只是别人不知道而已，实际上没那么神秘。有的人也许会把它当成一个不轻易外传的秘籍，陈勤立却把这些东西看得很平淡。云雕制作对材料的要求非常高，对漆性的把握也是非常关键的，如果没有丰富的云雕制作经验是不可轻易企及的。要了解漆性并非朝夕之事，而是长期与漆打交道，在制作过程中不断摸索和积累出的个人经验，这些经验甚至只是一种感觉，不可以用量化的标准和文字来加以描述。所以，这些个人的经验构成了手工艺的独到之处，使之区别于其他工业产品。

| 第二节 | 制漆

一、验漆

　　生漆的产地、生长环境以及采集时间等都会对其品质产生影响。况且，在生漆的采集、倒卖等环节中有诸多不确定性，即使是同一批买来的漆，每一袋漆的品质可能都会有一些差别。所以，在使用之前将买回来的生漆进行检验是非常有必要的。通过检验了解生漆的燥性、透明性等基本特点之后再根据具体的情况来判断生漆的用途。验漆的方法有很多种，《本草纲目》记载："凡验漆，惟稀者以物蘸起，细而不断，断而急收，更又涂于竿竹上，荫之速干者，并佳。"李时珍还对鉴别生漆真假优劣编成口诀："微扇光如镜，悬丝急似钩。撼成琥珀色，打着有浮沤。"①

　　传统检验生漆的办法是测漆酚的含量。漆酚是生漆的主要成分，起结膜的作用，含量越高漆质越好。拿一个铜秤（图4-17、图4-18）放十分漆，然后在火上烧一下，再称剩下多少就是漆酚的含量。好的生漆的标准一般在六分左右，五分漆算是还过得去，意思就是说里面没有掺假。以前说有七分五的漆，那是些特殊的漆，一般是达不到的。有经验的人以吃漆的方式看漆里面是否添加了东西，那是最直接的。生漆来了，抿一点放嘴里，是树木的味道，没异味，说明没掺什么假东西，要是加入一种别的东西的话，吃漆人马上就可以知道这是掺东西了。

　　陈勤立与漆打交道几十年，他验漆的方式说来似乎很简单，但却是几十年经验的积累。起初，生漆的买卖都是用木桶装运（图4-8）。买来之后在木桶盖子上打一洞，找一根木棍插进木桶并迅速提起，看木棍上的生漆好坏便知一二，生漆的回钩越长表明这个漆质量越好。有时候打开桶，看一看，闻一闻。漆桶要是不动的话，打开的时候它就像蜂蜜放久了之后分了几层。上面一层油，就是"停油"，越到下面颜色

① 乔十光，漆艺 [M]. 北京：中国美术学院出版社，2000：40.

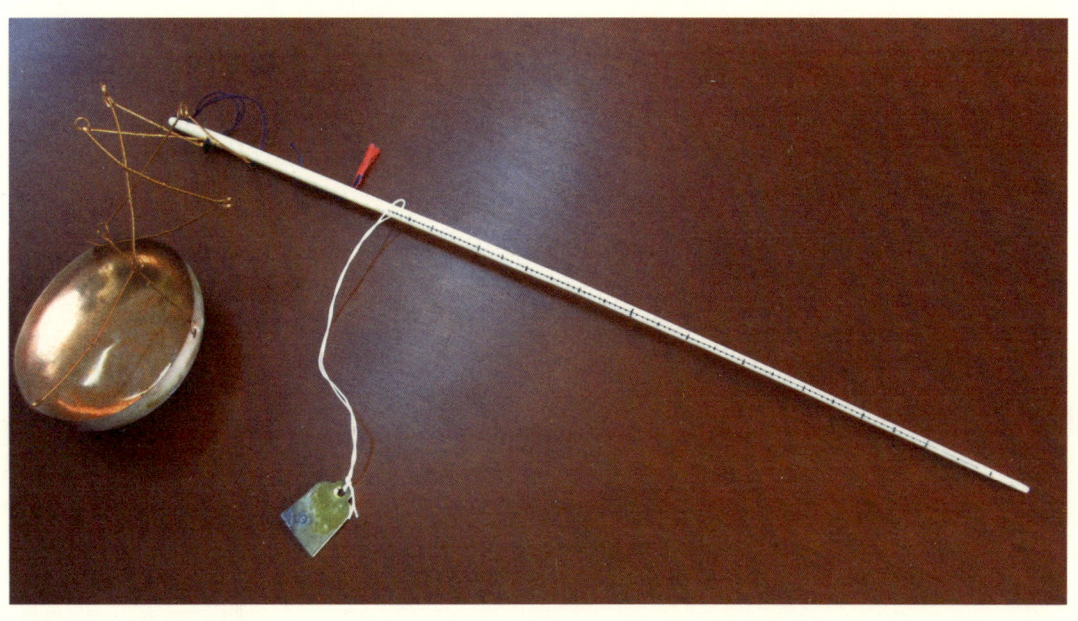

图 4-17 验漆用的铜秤

图 4-18 铜秤的局部

越浅。后来，买来的生漆直接用塑料袋装，这时候检验生漆就更简单了。因为塑料袋是透明的，只需要打开袋子口部看一下便可知道此袋生漆的燥性以及透明度。陈勤立检验生漆还有一个常用的方法就是将生漆涂抹在一小片玻璃上置于荫房，一看燥性，二看透明度，内含多少杂质、水分也便一目了然。（图4-19）

陈勤立要求漆相好。所谓漆相好，就是干燥好、黏稠度好、没有异味。验漆时不可简单地根据漆的燥性或者透明度来判断其好坏，而是要根据漆的特点适时地加以使用。验漆的目的是要对漆性做出一个基本的判断，分辨出快干漆、慢干漆、透明度好和差的漆，以及生漆的纯度等等。一般来说，干燥快的漆可留作快干漆使用，透明度好的漆可以用来制作透明漆、色漆或面漆。通过将慢干漆与桐油、快干漆的调配来控制漆的干燥速度。

二、熬漆

漆有生漆和熟漆之分，生漆是指从漆树上直接割下来的未经处理的原浆漆。生漆的特点是燥性好，所以在漆艺制作过程中，生漆一般用来做底漆以及调灰等。熟漆是指经过炼制的漆，在炼制过程中，它的分子链产生了变化。熟漆较生漆慢干、透明度高、结膜更强韧。熟漆一般用来制作透明漆、色漆以及面漆等。制作熟漆的方法，南方的做法一般是将生漆摊开放在太阳或者灯光下面晾晒（图4-20），而北方的做法一般是将漆放在锅里加火进行熬制（图4-21）。陈勤立将南北方的制作熟漆的方法概括为"南晾北熬"。熬漆与晾漆的目的是相同的，都是一个使漆脱水的过程。但是，熬漆与晾漆的强度是不同的，最终达到的效果也不一样。晾漆的过程中温度达不到熬漆的高度，如同炒菜，慢火与爆炒的效果是不一样的。熬漆比晾漆柔韧度和强度增大（图4-22）。

熬漆的历史可以追溯到十二家作坊时期，熬漆的做法是前人制漆经验的总结。陈勤立讲述老艺人宁思根熬漆时从来不用温度计，而是吐唾沫测温度。熬漆的时候要会看，他需要测温度的时候，就往锅里啐一口唾沫……好了！快，下锅！这漆出来就好了。这是为什么呢？道理就像咱们炒菜，油不热的时候，放的葱花是噗噗的声音；油的温度很高的时候，葱花放里面就是炸开的形式。他就是听这个声音来判断的。你说他对不对？很对。这个啐唾沫的办法就是用水来检验熬漆的温度。它跟温度计一样，只不过你是看刻度，他是听声音。这就是传统，是经验，他这也是标准。历史是劳动

图 4-20　晾漆

图 4-21　熬漆

图 4-22　熬制漆

人民创造的，做得多了就有了经验。很可能师傅的师傅的师傅也是这样干的，因为当时没有温度计。

　　熬漆的过程如下：1. 准备铁锅、木柴、土灶（图4-23）；2. 生火以后将漆入锅，用勺子上下搅动，观察不同温度生漆的变化（图4-24、图4-25）；3. 待生漆烧沸，一直滚一直滚，放一个温度计测温，熬到160度时迅速下锅（图4-26）；4. 放凉、过滤、装盆备用。（图4-27、图4-28）

　　陈勤立每次熬漆为一担，相当于七八十斤。熬漆需要掌握好火候，如果漆熬的温度不够，就特别稀，如果熬过了就熬坏了。熬漆也是一个具有危险性的活动，如果有的漆不纯，里面掺的东西往往就是易燃物，一旦起火就会烧得很高，虽然漆非常珍贵但是出了问题就不能用了。所以熬漆的

图4-23　土灶

图 4-24　倒漆

图 4-25　搅拌

图 4-26　沸腾

图 4-27　过滤

↑ 图4-28 过滤渣滓

时候旁边要放沙子以备扑救，且不能在厂区里熬漆，必须是在野外。

　　云雕制作的每个环节对于漆材的要求也不尽相同，而不同的要求也就需要不同的制漆方法。如前所述，熬制漆在使用时可以调入快干漆来调节其干燥的速度，熬制漆还可与炼制好的熟桐油一起调制透明漆，也可以加入颜料来调制色漆。熬漆是制漆的核心环节，经过熬制的漆水分和杂质变少，纯度变高，分子结构变长。熬制以后漆的性能发生变化，慢干、透明、黏稠是熟漆的特点。制作云雕的漆不能干得过快，否则容易变硬而无法继续雕刻。经过熬制的漆如同糖稀一样黏稠（图4-29），变得慢干且具有韧性，可以在一个时间段内保证雕刻的进行。

三、调漆

　　云雕以红、黑两色为主，漆的红与黑是相对稳定的色彩。陈勤立调制色漆时先用天平称出所需要的颜料。同样一杯漆，同样一杯颜色，实验在比例相同的情况下出现

↑ 图 4-29　熬制漆

的是什么颜色，只有这样才知道它的反应程度是什么。调配颜色时要找准一个极限，调配色漆时也要找准一个极限，如果用一杯漆调一大碗粉就成腻子了。所以，多少漆配多少粉，这个极限确定以后才能调出接近你要的那个颜色，不然调不出来。陈勤立调制红漆时漆和颜料之间的比例为 3∶1。

陈勤立调制黑漆用的是硫酸亚铁。从化工店买来硫酸亚铁，放在盆里用氨水把它淹住，不停搅拌，待颜色由红变成墨绿时用水冲淡它，再用一个过滤网把它沥干。沥干之后，按照需要加入漆中调制出黑漆，这样兑出来的漆特别黑。陈勤立说材料本身在变化，调黑漆时就很难给它一个量化的标准。在买来的 20 袋漆中检验，有的漆透明度高，有的漆干燥性能好，都不一样。知道了它们的性能，再根据它们的性格走，这样比较好。

刷漆之前要根据具体的要求在熬制漆中加入快干漆和桐油。漆和油的基本比例是油不能超过 10%。入漆的桐油是经过铁锅熬制到 200℃的熟桐油。加入桐油的漆光泽度好、柔韧，但是加入桐油之后要放两天才能用。（图 4-30、图 4-31）

▲ 图 4-30　调漆

▲ 图 4-31　调入桐油

| 第三节 | 制胎

一、云雕胎体概述

大漆作为一种液体材料不能独立成器。所以，自古以来大漆要附着在其他材质上才能够成型。古代雕漆的内胎有木胎、金属胎、夹苎胎、瓷胎等，总的说以木胎为主。陈勤立的云雕作品延续了木胎和夹苎胎的使用传统，并在现代胎体材料上做了探索。

底胎是云雕漆器的载体，制胎工艺的好坏直接决定着云雕漆器作品的成败。云雕漆器胎体的材料与制作方法要根据作品的造型来确定。通常情况下，大件的云雕作品如家具、屏风等都是用木胎制作（图4-32～图4-35）。陈勤立原来在工艺厂的时候一个月做几百套屏风，加之早年经营意丰家具装饰有限公司时有家具制作的经历，使得他在木胎制作上经验丰富。陈勤立的大家云雕研制所专门建有木工工作室，木工设备齐备，所以陈勤立在做大东西的时候得心应手。

除了木胎以外，夹苎胎也是云雕漆器常用的胎体。在陈勤立的大家云雕工作室，我看到了他独特的制作夹苎胎的方法。大型作品的内胎使用的是现代原子灰材料，运用夹苎胎的方式进行云雕胎体的制作。先用草绳填充内部空间，然后用原子灰把作品形态制作出来，再进行裱布等步骤。运用这种方法，可以制作体量巨大的雕漆作品（图4-36）。

二、云雕木胎制作过程

1.选材。云雕所用木材以干燥好的木料为好，陈勤立制作云雕的木胎多用新绛常见的核桃木、老榆木、老杨木等不易变形的老料。2.木胎骨制作。陈勤立在云雕家具、屏风木胎的制作中不用铁钉，多以木榫结构为主。陈勤立做的大屏风里面全是鱼龙骨（图4-37），它把力量分散了，不变形。3.木胎骨做好以后要渗漆。渗漆

↑ 图 4-32　云雕木胎

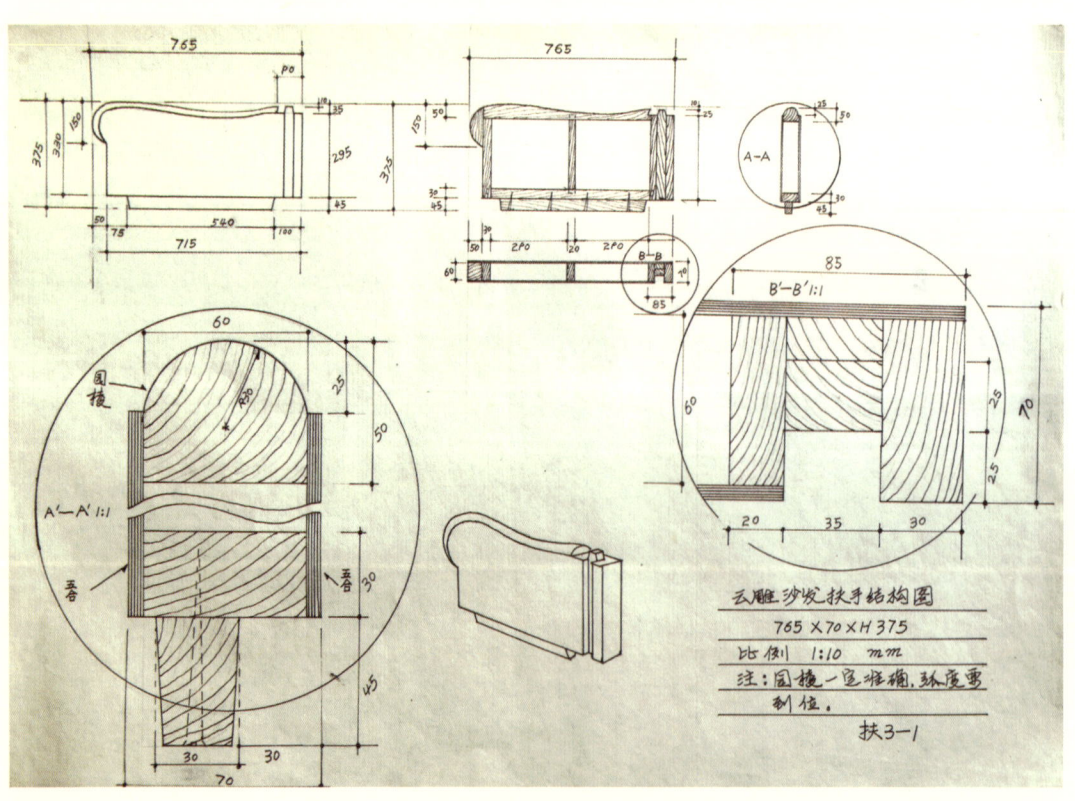

↑ 图 4-33　云雕沙发木胎手绘图纸 1

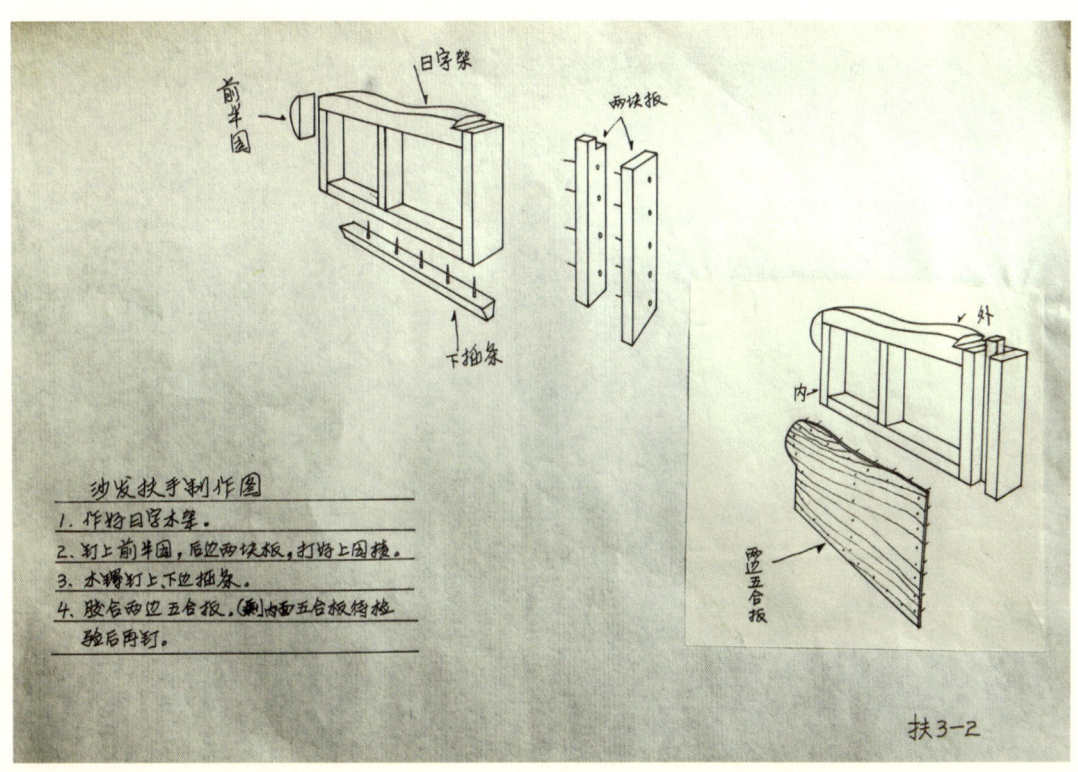

图 4-34　云雕沙发木胎手绘图纸 2

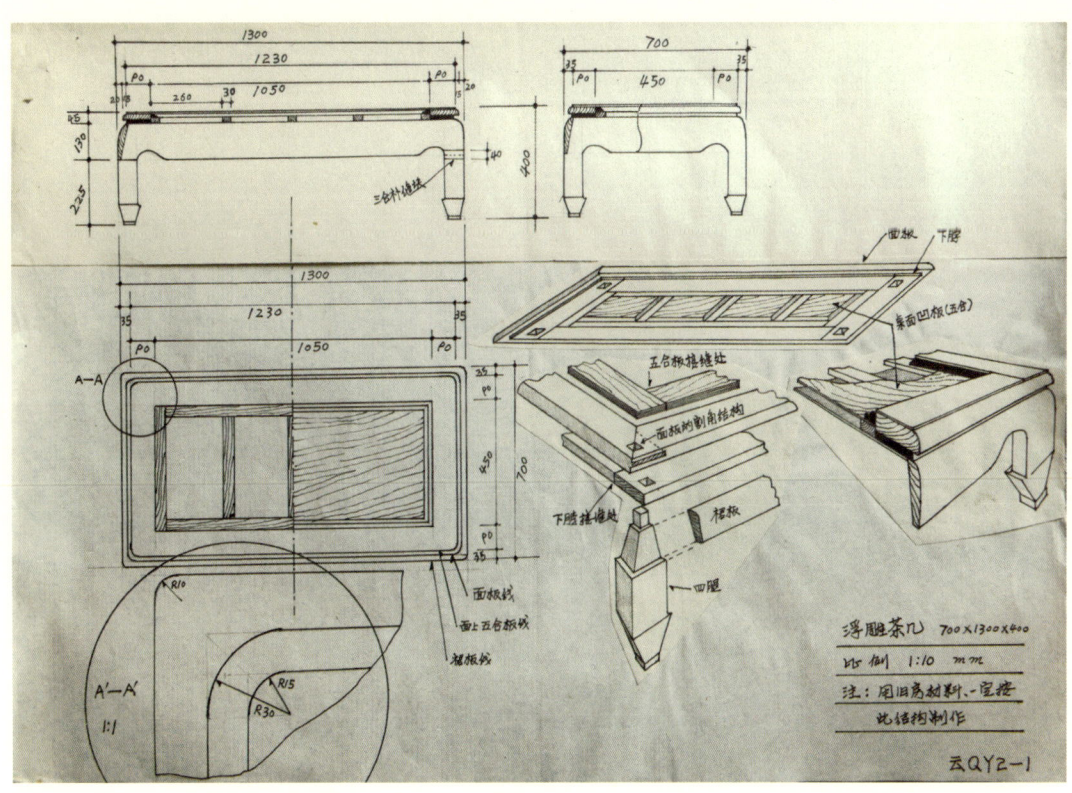

图 4-35　云雕茶几木胎手绘图纸

图4-36 大型胎体制作

图4-37 木胎内部的鱼龙骨

的目的是要把木胎表面细毛孔快速填住，防止空气中的水分进入使木头受潮后产生变形、裂缝。生漆干得最快，所以把生漆渗进去就能迅速地封闭它。4.刮灰找平。黄土灰与生漆按照1∶1的比例调和，用刮锹（图4-38）刮粗灰、中灰、细灰三遍，用砂纸找平。5.裱布。以生漆加面糊按照1∶1的比例调和成漆糊，将木胎通体裱布（图4-39）以防止胎体变形。6.上漆灰找平，完成底胎的制作。

▲ 图4-38　刮灰用的牛角刮锹

▲ 图4-39　木胎通体裱布

|第四节|髹漆

一、髹漆概述

　　大漆是一种极富个性的物质，它喜阴、喜潮，在温度、湿度适宜的条件下才能干燥。一般情况下，温度在 20℃～30℃，相对湿度在 70%～80% 的条件下最宜生漆的干燥。陈勤立的荫房建在一个半地下的房间（图 4-40），常年保持着适宜大漆干燥的温度、湿度条件。髹漆也需在这样的环境中进行。看似一个简单平常的刷漆环节，却是如同坐禅一般。他日复一日、年复一年地髹涂，在平静中需要定力（图 4-41）。

　　云雕的漆层分为底漆、层漆和面漆，中间部分是红多间黑少或黑多间红少，红黑各不相混，有时也可有红、黑、黄三色相柔调配，各色层次分明。陈勤立在实践中总结出髹饰色层排列的原则，即"红面黑层少，黑面红层少"（图 4-42、图 4-43），尤其是红色漆面时，黑色层如果太多，或者处理过于平均就会显得"恶"一些，这种"恶"在对比中格外显著。髹漆时按照底漆、层漆和面漆的顺序进行。底漆在最底层，较硬，用来预防刻穿底胎；层漆较软，构成主要的雕刻漆层；面漆要选最细、质量最好的漆。面漆干燥之后硬度强、光泽度好，用来完成打磨、抛光等漆器表面的处理。

　　髹漆的本质是漆层不断累积的过程。有经验的漆工髹涂 18 道漆的厚度为 1 毫米，180 道漆的厚度为 1 厘米（图 4-44）。一件普通的云雕漆器需要髹涂漆层几十道、上百道，对于髹涂的厚度和匀度的控制是需要技巧和经验的。尤其是在器物的口沿和拐角处，髹漆技术的好坏就体现在这些关键的部分。如果技术不到位，边缘挂漆少或漆层薄，会进而影响后面的雕刻效果。有的人刷 18 道漆超过了 1 毫米，有的人同样刷了 18 道还不到 1 毫米，这不是漆的稠稀的问题，而是刷漆时的力度问题。只刷两遍漆的时候看不出来，但是刷得很厚、积累起来的时候就看出来了。如果边缘棱角刷不到漆那就会造成厚薄不均的情况。云雕工艺对于髹漆环节的要求很高，髹漆过程占据了云雕制作 70% 的时间，所以髹漆是云雕制作的一个至关重要的环节。

图 4-40　荫房

图 4-41　髹漆

▲ 图 4-42 红色面漆层

▲ 图 4-43 黑色面漆层

▲ 图 4-44 切面图

二、髹漆工艺过程

云雕髹漆的主要工具是陈勤立自制的马尾刷和牛尾刷（图4-45），马尾刷毛质较硬，能够适用于比较黏稠的云雕用漆。刷漆时，先用漆刷蘸漆（图4-46、图4-47）在胎体上排开（图4-48、图4-49），然后再刷漆（图4-50），讲究横刷竖顺，最后要收漆（图4-51）。刷漆的经验就是把握手劲，讲究力道，刷劲不可太大，太大则漆太薄，反之则过厚。刷漆先侧边再正面，要讲究顺序。"湿碰湿"和"干透上"都是不好的，漆层之间的附着力差，最好是在干到一定程度又没有完全干透的时候刷下一遍。器物的边缘尤其是方形盒子的边缘往往挂不住漆，面上容易涂得厚。刷漆的厚薄只有在刻的过程中才能见到。有些旅游纪念品边缘都不敢刻，一是因为漆特别薄，漆层厚度达不到；二是因为刷漆的人技术差，边角地方的问题太多。刷漆真是很细致的活儿，如果没有经验这个问题就解决不了。

刷完漆的漆器要放一段时间才能刻。放漆就像和面一样，和好面之后放在案子上用盆扣一会，叫"醒面"。陈勤立将荫房分为里间和外间，里间就是上漆的，外间用来放漆。刷好的漆放十几天就差不多能磨了。拿一个比较粗的砂纸，迅速地找平，把外轮廓修整一下，铲掉流下的东西。修整、磨好，再放回里间，很细的面漆刷三遍。这三遍面漆都刷完了，再放上五六天，就可以刻了。这需要一个过程，不是说今天晚上刷完了明天马上就能刻。因为漆虽然不黏手了但也不是干了，只有放上一星期左右才稳定。漆是活性的，它的分子在里面活动，刷好的漆有的地方紧了，有的地方松了，有的地方不匀了……它需要有一个由虚到实自我调和的过程，放的时间不够就会出现问题。雕刻之后要再放几天也是这个意思，本来漆膜里面不容易干，刻完之后里面的漆可以接触空气了，它就容易干了。如果漆层软的时候就刻，磨得太早，等放了一段时间以后，漆实在了，就会出现周边高、中间低的情况（图4-52）。

📕 图 4-45　马尾刷

📕 图 4-46　蘸漆

图 4-47　蘸漆

图 4-48　排漆

🔺 图 4-49　排漆

🔺 图 4-50　刷漆

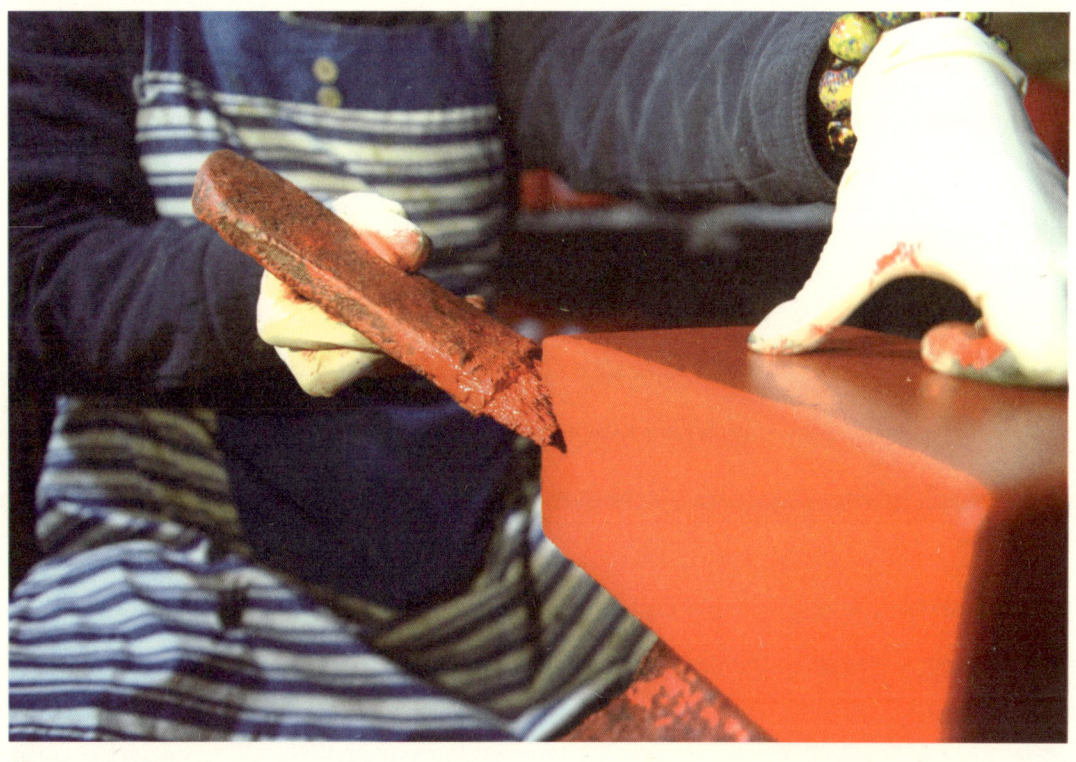

△ 图4-51　收漆

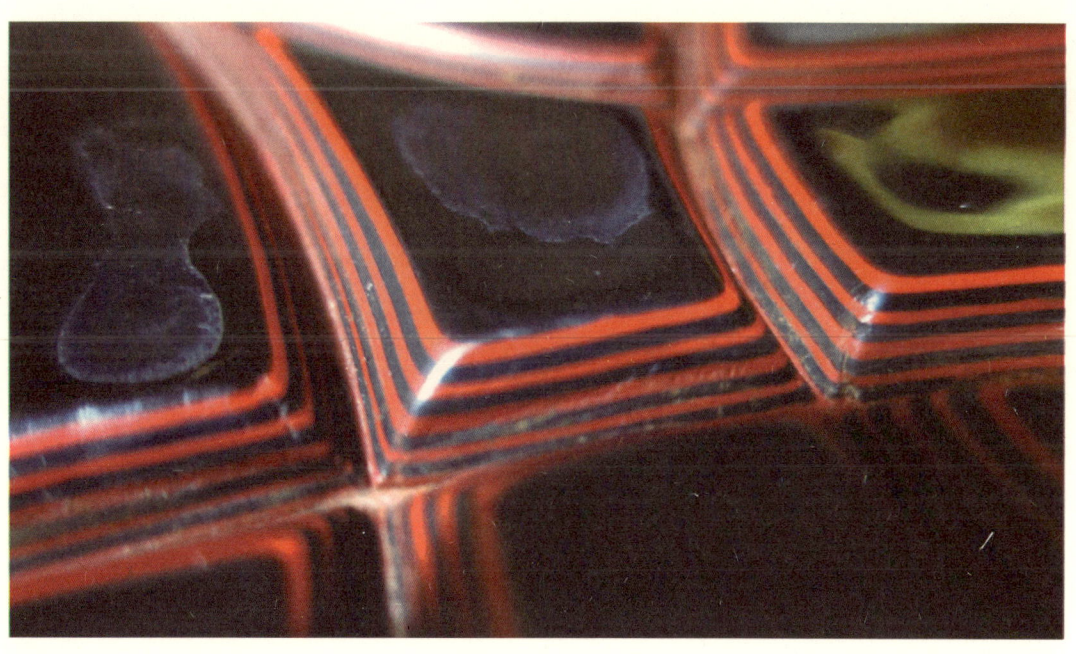

△ 图4-52　问题漆层

| 第五节 | 画稿

陈勤立的云雕图式设计从传统的云纹纹样到几何纹样再到"荷"系列、梅花纹（图4-53）、水草纹等的自由纹样，图式的变化带来刀法的创新和视觉效果的变化。传统云雕的图形多以云纹为主，云纹又分为双头云和单头云（图4-54、图4-55）。双头云是对称形，刻的时候难度较大。陈勤立设计的云雕图稿经常运用传统纹样的连续排比产生力量（图4-56～图4-58）。云雕的结构线有宽有窄，构图时要根据器物的大小和髹漆的厚薄来确定。云雕雕刻的纹路由结构线的宽窄决定，在画稿时要用双线表示出结构线的形态。云雕构图的结构线往往具有双关性的特点，既是图的结构线又是地的轮廓线（图4-59～图4-64）。

图稿绘制时先用铅笔画出大结构，然后由整体到局部再到细节逐渐画出整个画稿（图4-65）。传统云雕图式中多有重复的图形，如一个云头或者一朵花经常是对称或者重复的，所以稿子画好后要制作纸版，纸版的目的是便于同形的拷贝，这种方法可以追溯到工艺美术厂时期。纸版的制作方法是先用牛皮纸绘出所需图形，然后用斜刀刻出镂空的阴形（图4-66），最后刷桐油以起到保护作用。陈勤立在现代云雕的图式设计中很多画稿都不是对称图形，所以这个时候还需要直接在漆面上徒手绘制画稿（图4-67）。

有了纸版之后，上稿的过程变得简单易行（图4-68）。陈勤立还把纸版做成了立体模型，拓稿时可以直接套在器物上，将纸版放到适当的位置再用纸胶带固定好（图4-69、图4-70），然后用海绵蘸白色水粉轻拍（图4-71），这样图形就印到漆面上了（图4-72）。如果是树干之类的自由形态，则需要最后再徒手绘制（图4-73）。

↑ 图 4-53　梅花纹

↑ 图 4-54　双头云

图 4-55 单头云

图 4-56 传统云雕纹样 1

图 4-57 传统云雕纹样 2

图 4-58 传统云雕纹样 3

▲ 图 4-59　云雕纹样纸版 1

▲ 图 4-60　云雕纹样纸版 2

图 4-61 云雕纹样纸版 3

图 4-62 云雕纹样纸版 4

▲ 图4-63　云雕纹样纸版5

▲ 图4-64　云雕纹样纸版6

图 4-65　花纹云雕盘图稿

图 4-66　镂空纸模具

🔼 图 4-67　徒手绘稿

🔼 图 4-68　云雕桌图版

图 4-69　云雕桌上稿过程 1

图 4-70　云雕桌上稿过程 2

图 4-71　云雕桌上稿过程 3

图 4-72　云雕桌上稿过程 4

图 4-73　陈勤立在画稿

| 第六节 | 雕刻

一、云雕刀法及其特点

雕刻是挖掘漆层的过程，刀口上宽下狭，断面可见交替往复的色漆层。挖掘的方法不同，所呈现的视觉效果也就不同。传统云雕的雕刻方法有"仰瓦式"和"深峻式"两种（图4-74）。陈勤立在"仰瓦式"和"深峻式"的基础上又发展出"片刀式"云雕方法（图4-75）。"深峻式"刻法的凹槽处为"V"形，重刀工，轻磨工，效果比较锐利（图4-76）。"仰瓦式"刻法是在"深峻式"的基础上把边缘修磨得没有棱角，形状像扣放的瓦片，效果比较圆润（图4-77），故称"仰瓦式"。陈勤立的"片刀式"刻法是在"深峻式"和"仰瓦式"刻法的基础上又进一步地拓展，它将线的表现转化为一种面的表达。"深峻式"和"仰瓦式"刻法展现出的是云雕图式的轮廓线以及线的凹处隐现的红黑相间的漆层切面。那么"片刀式"表达的是图式的主体而非轮廓线，这种刀法将传统云雕的线形扩展为一个红黑色带组成的面。雕刻的方法反映着深层的漆关系，当陈勤立把云雕的坡度拉大，片开之后，面的宽窄没有了线的限度，另外一个世界出现了（图4-78）。

二、雕刻工具与工艺过程

基本的雕刻工具有四种：三角刀（图4-79）、挠刀（图4-80）、钻刀（图4-81）、斜刀（图4-82），每种工具都分大号、中号、小号。刻刀由陈勤立设计，然后他找到新绛的一位老铁匠锻打，用的时候再自己开刃、自己磨。

走进大家云雕的雕刻工作室，工人们安静地工作着，只听到沙沙挠漆的声音。雕刻过程包括打眼、刻线、修角、挠沟。每个过程配有相应的刻刀：打眼用钻刀，刻线用三角刀，修角用斜刀，挠沟用挠刀。打眼的目的是为了起刀和藏刀，打眼时用钻刀

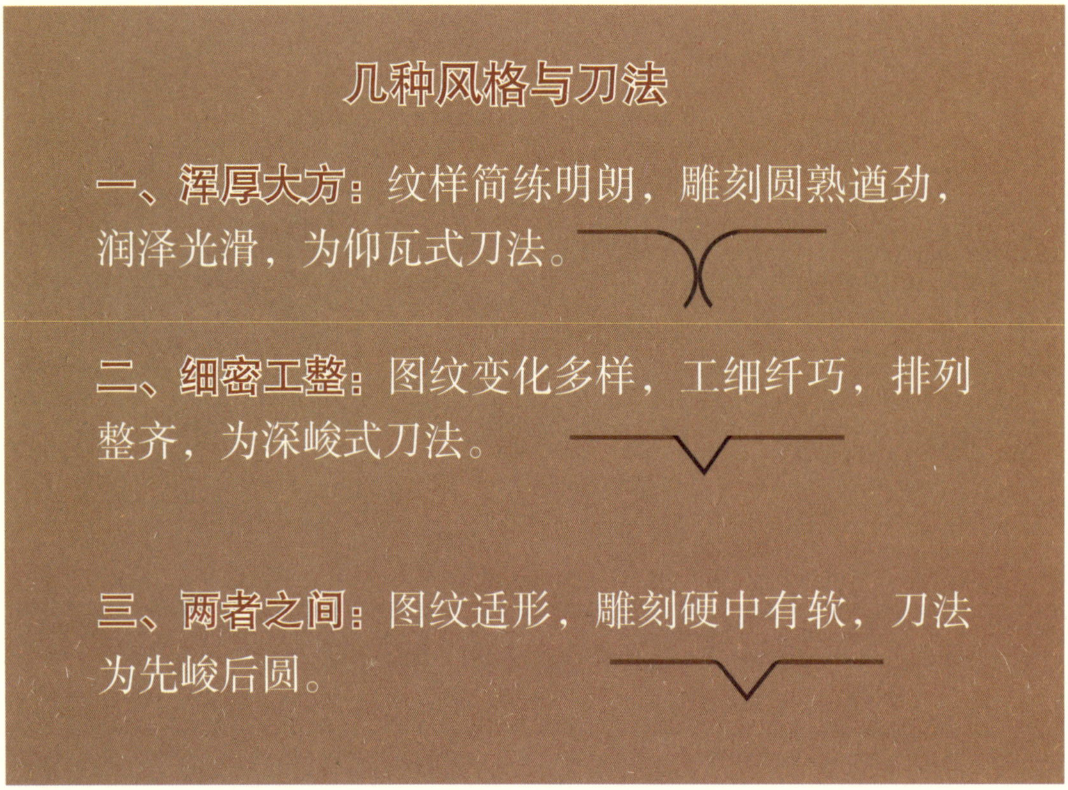

几种风格与刀法

一、浑厚大方：纹样简练明朗，雕刻圆熟遒劲，润泽光滑，为仰瓦式刀法。

二、细密工整：图纹变化多样，工细纤巧，排列整齐，为深峻式刀法。

三、两者之间：图纹适形，雕刻硬中有软，刀法为先峻后圆。

图 4-74　云雕刀法图示

图 4-75　片刀式

图 4-76　深峻式

图 4-77　仰瓦式

图4-78　片刀式作品

图4-79　三角刀

图 4-80 挠刀

图 4-81 钻刀

↑ 图 4-82 斜刀

在起刀处快速旋转，形成一个圆形凹点（图 4-83、图 4-84）。打眼之后刻线，用三角刀均匀流畅地刻出凹槽（图 4-85），然后用斜刀修出转角和尖锐的部分（图 4-86）。挠是雕刻过程中的主要步骤，占到整个雕刻过程的 60% 左右。挠是塑形的过程，通过挠将刻出的线形变得匀称、流畅（图 4-87）。

雕刻时容易出现的问题是图案不标准、走样，一旦走样就没有办法补救了。还有就是跑刀，刀打滑了刻出去一道线叫作"跑刀"。跑刀伤到一层颜色的时候还可以补救，伤到两层颜色就不能补救了。这是云雕的不可逆性。

↑ 图 4-83　打眼

↑ 图 4-84　打眼细部

↑ 图 4-85　刻线

🔺 图4-86 修角

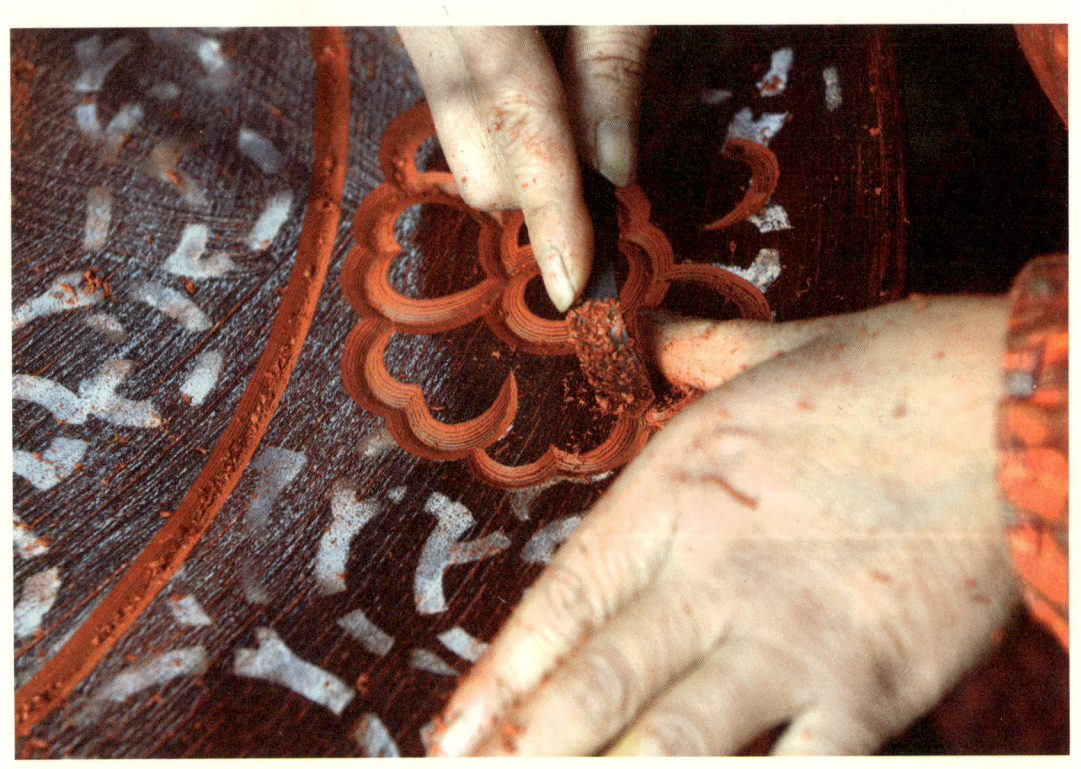

🔺 图4-87 挖沟

| 第七节 | 打磨抛光

　　打磨与抛光是云雕工艺最后的环节，也是最见成效的环节（图4-88）。经过打磨抛光之后的漆器如同婴儿的皮肤般光洁温润，让人爱不释手。刻好的云雕漆器要放置一段时间之后方能打磨、抛光。打磨的过程使用水砂纸，从600号开始，然后到800号……最细到3000号。由粗到细，每种型号的水砂纸过一遍，最后磨得越细就越到位（图4-89）。打磨要求随形而走，不能随便打磨。磨沟就是磨沟，顺着它的刻线走。磨平面就是磨平面，深浅都得表现出来。沟里比较难磨，有的时候用筷子拼成一个形把它夹住，有时用小木块做成不同的形状辅助打磨。开始打磨时不只是以光滑为目的，也是一个塑形的过程，到后面则是要使表面光滑以方便抛光。

　　云雕抛光用的材料是瓦灰和面粉加植物油，先用瓦灰再用面粉抛光。瓦灰的细密度不是靠箩子筛出来的，而是靠水漂出来的，怎么能不细呢！拿一块砖用铁锤把砖砸得很碎，然后把砖面粉全部放进一个脸盆。倒满水后用手搅拌，搅匀后一部分砖面已经溶入水里头，把上面的一层滗出来，沥干了之后就用那些非常细的粉末。由此可想而知，古人没有现代的材料也能抛光，这也是古法吧！

　　云雕抛光具体步骤如下：1.打磨之后用水把漆器擦洗干净，晾干水分。2.用棉布蘸植物油均匀涂抹到器物表面（图4-90）。3.将漂洗过的细瓦灰均匀撒到漆器上（图4-91），掸掉多余粉末。4.平面的部分用手在漆器上反复推磨，凹槽处则用鬃刷反复摩擦，直至把瓦灰推得很干净（图4-92~图4-94）。查看有无瑕疵，然后再按照以上步骤进行第二遍抛光。5.瓦灰抛光之后用温水将漆器反复清洗干净（图4-95、图4-96），放置一两天，待水分完全晾干，最后一遍用植物油加面粉进行同样的操作进行抛光处理，与瓦灰相比面粉抛光得更细腻（图4-97~图4-102）。经过反复地抛光之后一件完整的云雕漆器就完成了（图4-103、图4-104）。

图4-88　抛光前后对比

　图4-89　水砂纸打磨

▲ 图 4-90　刷植物油

▲ 图 4-91　撒细瓦灰

图 4-92　鬃刷刷缝隙

图 4-93　用手反复搓擦

图4-94 凹处用鬃刷反复搓擦

图4-95 温水清洗

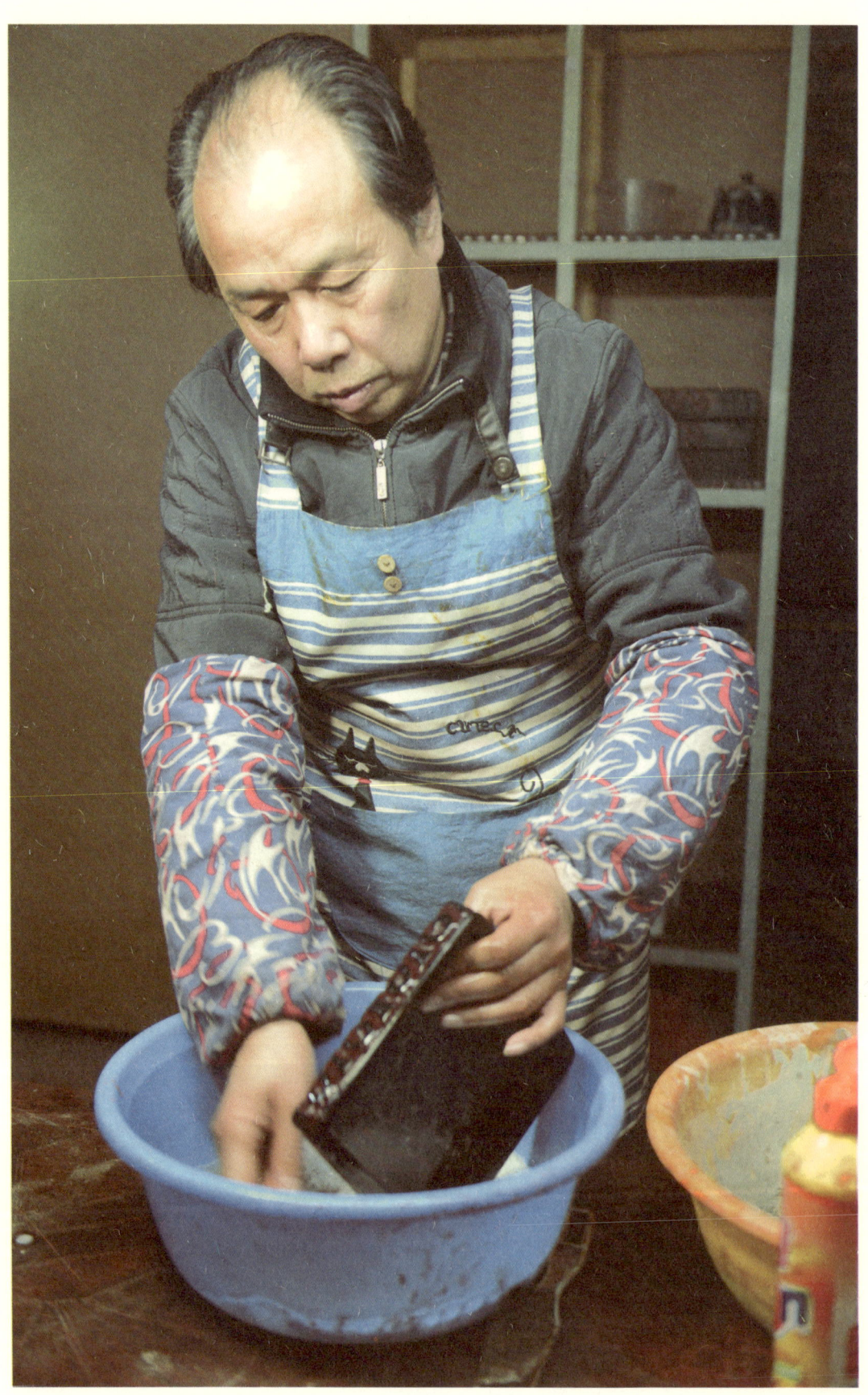

图4-96 温水清洗

图 4-97　上植物油

图 4-98　撒面粉

⬆ 图 4-99　用手搓擦

⬆ 图 4-100　面粉抛光过程

图 4-101 凹处用鬃刷搓擦

图 4-102 反复用手搓擦漆面

图 4-103　抛光后效果

　图 4-104　陈勤立印

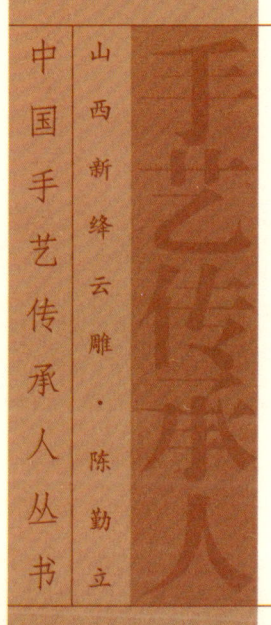

中国手艺传承人丛书

山西新绛云雕·陈勤立

第五章

艺术传承

第一节 师承关系

陈勤立的艺术经历要从两条线索去解读：一条是民间的线索，一条是学院的线索。工艺厂时期开启了陈勤立的云雕艺术之路，沿袭着十二家作坊到工艺厂这一脉的传承。陈勤立集十二家作坊的多种技艺于一身，且他对于云雕技艺与艺术的思考更加全面而深入。当工艺厂解散后新绛云雕的传承由集体转为个体，所以陈勤立的师承关系又可以归入一个家族传承关系之中。

┌──┐
│ 十二家作坊时期的老艺人：   │
│ 王小虎、宁思根、柴秀刚、薛根焕、丁秀成、兰福泰等； │
└──┘
                        ⬇
┌──┐
│ 新绛工艺美术厂培养的第一代设计人员：   │
│ 关树人、赵吉祥、成全旺、王发全等（图5-1）   │
└──┘
                        ⬇
┌──┐
│ 大家云雕研制所：陈勤立、王素平   │
└──┘
                        ⬇
┌──┐
│ 陈勤立之子：陈丰   │
└──┘

从学院教育的角度上看，两次学院学习经历带给陈勤立非常大的影响。那时，他留着长发、穿着皮鞋和喇叭裤，有着和所有艺术青年一样的理想（图5-2）。他曾经迷恋现代漆画的创作，并从现代漆画的领域吸取经验运用到云雕的创作中，漆画的磨

图 5-1　王发全（右一），陈勤立（左一）

图 5-2　中央工艺美术学院学习时期的陈勤立

破技法使云雕的视觉效果有了重大转变。那么，从学院派的角度解读陈勤立的师承关系，他扮演的又是另外一个角色。

1980 年 9 月至 1981 年 9 月，陈勤立在四川美术学院参加"全国漆器行业设计人员培训班"学习时（图 5-3），师从沈福文（图 5-4）。沈福文先生出生在福州，后来留学日本学习漆艺。他把自己的经验总结出来形成中国学院派漆艺教学的初级形态，是中国学院派漆艺的先驱者。1959 年，他在四川美术学院开设漆器美术设计专业，这是中国第一个漆艺本科专业。沈福文先生亲自授课，系统教授漆艺的基础技法。

1986 年 9 月至 1987 年 9 月，陈勤立在中央工艺美术学院学习，师从乔十光（图 5-5～图 5-8）。乔十光先生被誉为"中国现代漆画之父"，他将中国传统的漆画引入现代艺术的殿堂。乔十光立足传统，从民间走向学院派，以自己的艺术实践丰富和完善了漆画理论，创造了独具表现力的现代漆画技法体系。陈勤立在中央工艺美术学院学习的一年中深受学院派的洗礼，得到乔十光先生的指点，明确了自己的从艺方向。

▲ 图 5-3 四川美术学院学习时期的陈勤立

图 5-4 沈福文作品

图 5-5 乔十光作品《蜀葵》

图 5-6 乔十光作品《新竹》

▲ 图 5-7　乔十光题字

▲ 图 5-8　2013 年陈勤立与乔十光在"湖北国际漆艺展"上

|第二节|技艺传承

一、云雕技艺传承概况

中国传统手工艺的传承方式有两种：一种是家族内的传承，所谓"传男不传女""传内不传外""传长不传幼"指的是家族内部的传承法则；一种是行业内的传承，讲究师傅带徒弟，注重经验的传授。在十二家作坊时期还保持着古老的传承方式。新绛工艺美术厂时期是传统手工艺传承方式的颠覆时期，大规模的集中培训和以老带新的方法将云雕技艺公开和扩展开来。工艺厂解散后虽然又恢复到个体经营的模式，但是云雕技艺的传承仍然以一种公开的形式进行。陈勤立将自己的云雕制作经验毫无保留地传播开来，大家云雕研制所成为云雕技艺传承的重要载体。

陈勤立通过政府组织的培训、走进大学授课、接待艺术院校学生实习以及培养云雕工人等新的形式进行云雕技艺的传承与文化的传播。

二、政府组织培训

政府组织培训的目的一是为了促进就业，二是为了文化推广和技艺传承。陈勤立的大家云雕承办起新绛县政府组织的职业培训。培训让更多的人了解到云雕是什么，但是要让他们更深入地去学习，或者说将来当成一个事业去做就比较艰难了。一个培训班有70多人，最后坚持下来愿意做云雕的没有几个。

陈勤立对云雕工人进行技术培训的第一步是看，先让他们看什么叫作刻，什么叫作挠，什么叫作打眼……要先了解，不动刀。看十几天以后进入第二步：挠。师傅定下形以后让他们在原有的沟里慢慢挠、慢慢刮。当他们能挠得很滑溜了证明手劲和眼力也差不多了，这才敢让他们粗刻。粗刻的时候也不能在正品上刻，给一个石膏板去练习转劲儿和造型的能力。卡住几个结构点，刻得对称了，掌握了一定的技巧之后，这才敢让他们在不太重要的器物上的一个不太显眼的地方开始动刀，慢慢地才能进入。所以，可以说进入这个工作还是一个修炼的过程，没有前面的三部曲，一下进入就容易出错了。

现在的社会条件下，师傅和徒弟的关系改变了。技艺的传承不是一个点的事，而是一个大环境的事。以前如果徒弟认了师傅，就一辈子要从事这个行业，师傅会给吃饭的本领。现在培养出来的工人有的干几年就不干了，想的只是赚钱。培养工人不能只是教授他们技术，而应着重在审美方面的培养，要让他们知道做成什么样子才是最美的、最好的，这比教他们技术更重要。有的人干了一辈子也不知道云雕是怎么回事，他也就只能是个工人而已。对于在大家云雕研制所从事云雕漆器制作的工人，陈勤立会身体力行地去感染他们，使他们有一种工艺自信。让他们感觉到有一种从事艺术工作的自豪感。陈勤立说："铁打的营盘，流水的兵。只要这个连队在、旗帜在，就有人在，只是多少的问题。关键是这个旗要有，旗插得要好。"陈勤立在大家云雕立起了云雕这面旗帜。

三、艺术学院授课

学院在传授技艺和传播工艺文化的方式上与民间有着很大的区别，它们之间相互联系但是又保持各自相对独立的体系。学院派学生接受的是一种综合的训练，包括造型基础、艺术理论、基本技法、艺术创作能力等等，而民间多侧重技艺的传授以及技艺背后所蕴含的文化的潜移默化的影响。当下，越来越多的人认识到民族手工艺在艺术教育领域的重要性，各大艺术院校纷纷建立手工艺术专业或与此相关的课程。与此同时，学生要深入民间进行实地考察与学习，或者把民间的资源引入学院教学中也是很重要的做法。民间与学院之间互相弥合，优势互补。陈勤立身体力行地实践着这样的做法。

2012年11月，陈勤立到上海大学美术学院讲学（图5-9）。2013年3月，陈勤立被苏州工艺美术职业技术学院聘请为特聘教授（图5-10）。每年都有清华大学美术学院和中央美术学院的学生到大家云雕来创作或实习（图5-11、图5-12）。对于陈勤立而言，刷漆并不是一种简单的工艺技法而是一种情缘。陈勤立在艺术学院授课的目的不是让大家都学习云雕，而是让大家通过云雕来认识漆、认识漆文化。

四、家族传承

陈勤立认为家族式传承还是最可靠的，因为这种关系最稳定。近年来陈勤立有意识地培养自己的儿子陈丰，希望子承父业。陈勤立的岳父王发全把自己总结的心得都传给了陈勤立夫妻。他们又经过多年的发展，总结了创作的体会和创作的思考，要找到一个可靠的人来继承。这是几代人的经验，有时候是一句话，有时候是一个想法，有时候是一点技术，但是这不是想总结就能够一下总结出来的。对于陈丰，陈勤立说："年轻人有自己的想法，还是要尊重。但是，我会把自己的经验教给他，不仅是云雕还有刻灰和螺钿。他一定要知道这个东西怎么做，才能在想做的时候把它做起来。"

图 5-9　陈勤立在上海大学授课

图 5-10　苏州工艺美术职业技术学院聘书

△ 图5-11　陈勤立为美院学生讲解

△ 图5-12　实习的美院学生

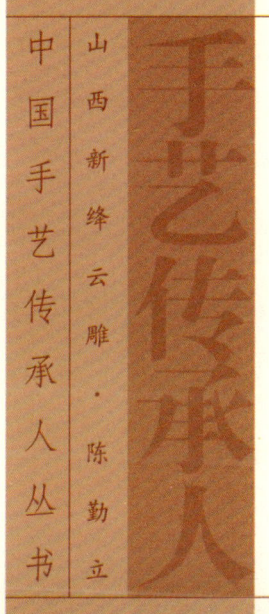

第六章

他人评述与访谈实录

|第一节|他人评述

　　当我第一次来到新绛的时候颇感偏远，但是到了大家云雕才知道这是漆艺界的"朝圣"之地，很多业内业外的有识之士都曾来过这里，如王世襄、何豪亮、乔十光、丁绍光（图6-1）、袁运甫、袁运生（图6-2）、皮道坚、程向君、周建石、唐明修、谢震……他们为云雕而来，与陈勤立结下深厚友情。在大家云雕，我们看到王世襄、何豪亮、乔十光等老先生为陈勤立的题字都完好地保存下来。

　　1. 王世襄：（图6-3、图6-4）

　　2. 何豪亮：（图6-5、图6-6）

　　3. 乔十光：（图6-7）

　　4. 唐明修：（图6-8～图6-10）

　▲ 图6-1　丁绍光（右）

图 6-2　袁运生（右二）、袁运甫（右三）

图 6-3　王世襄（右三）

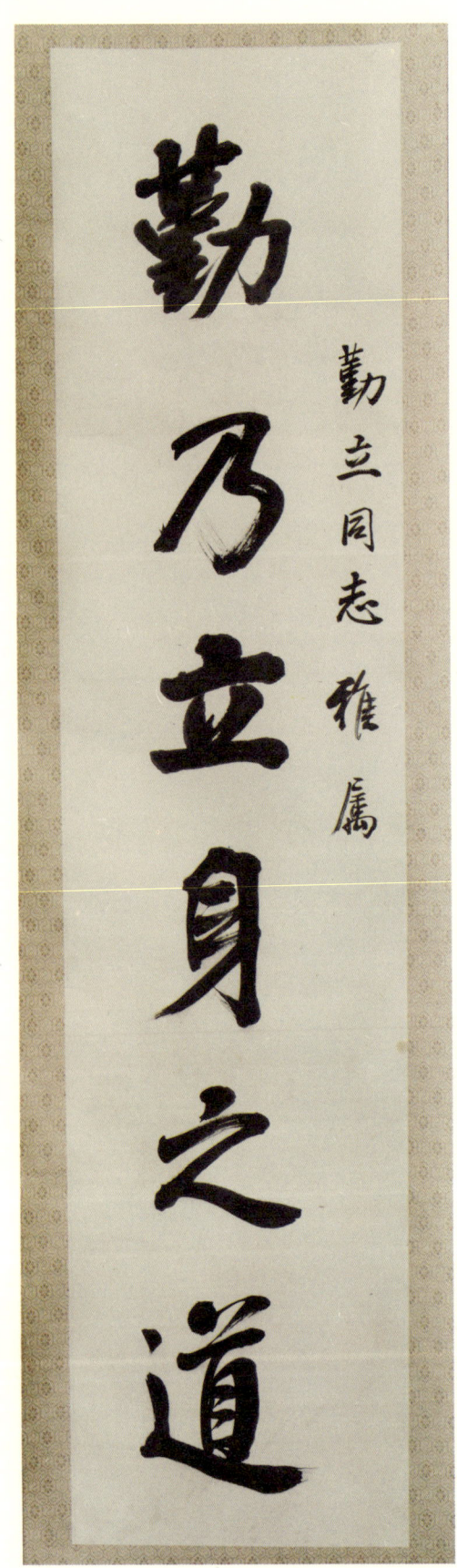
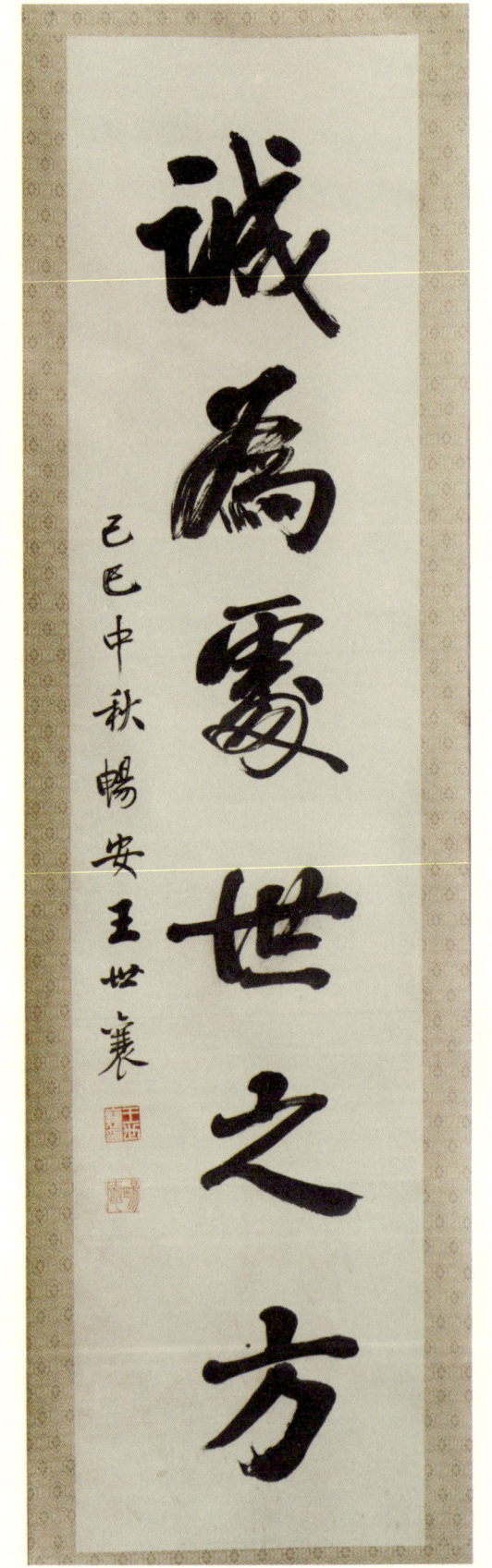

图6-4 王世襄题字

↑ 图6-5　何豪亮（左）

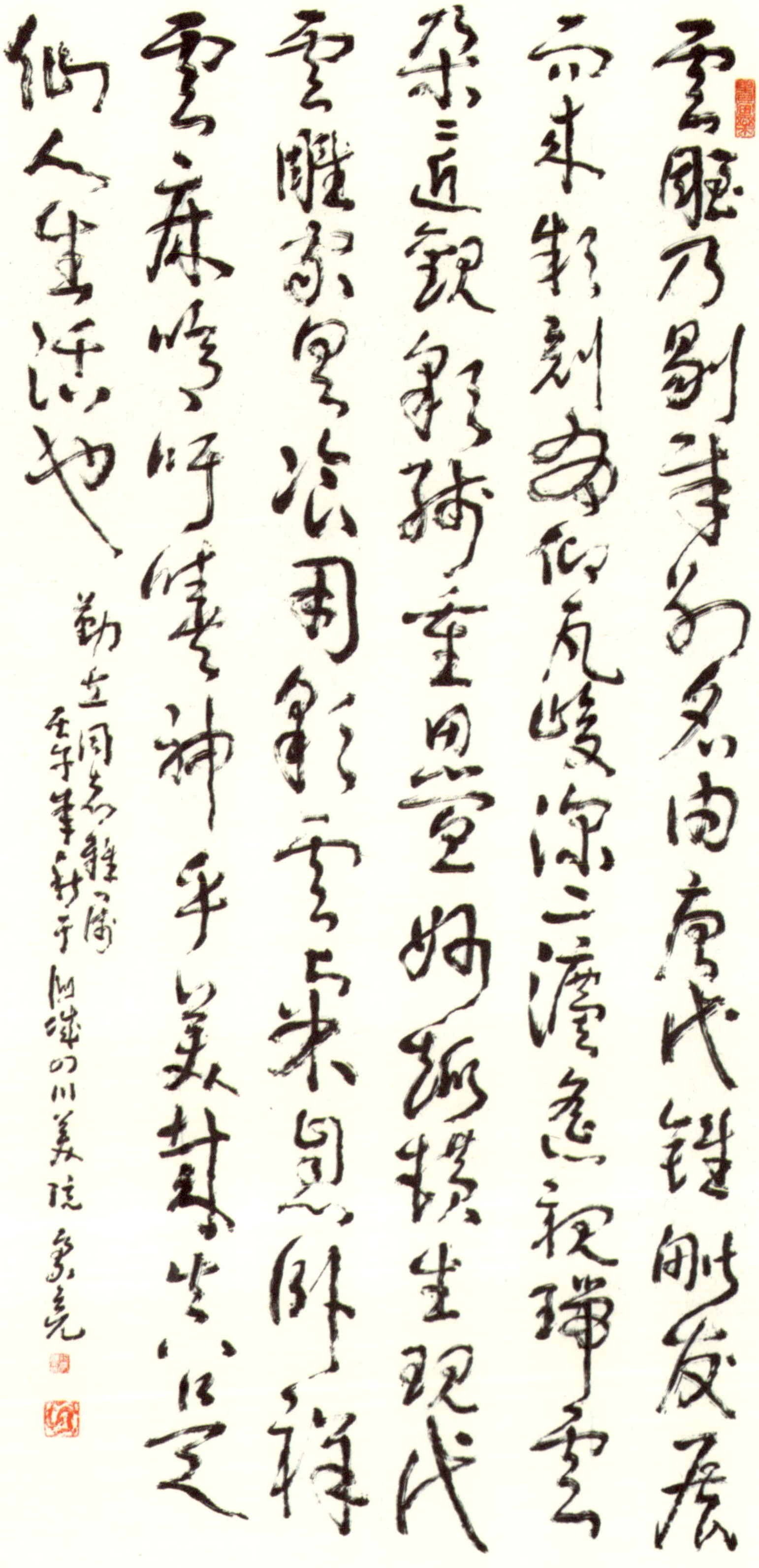

云雕乃剔犀一名由唐代镙钿发展
而来雕刻之后似凡峻深二灤急视瑞云
叠边观彩珠垂照堂妍环转生现代
云雕家图绘用彩云朵烹卧祥
云麻鸣呼建神乎美甚发以受
仰人生浃也

勤立同志雅属
壬午笔乔于
阿谬四川美院 豪亮

图6-6　何豪亮题字

图 6-7　乔十光题字

图 6-8　唐明修（右一）在大家云雕研制所

图 6-9　唐明修（右）

　图 6-10　唐明修题字

| 第二节 | 陈勤立访谈实录

为了完成本书的写作，笔者多次来到新绛，就陈勤立的艺术生涯、艺术理想、创作心得、手艺绝技以及技艺传承等问题对陈勤立进行访谈，并以此为根据展开本书的写作。本节将部分访谈内容摘录下来作为全文的补充，使陈勤立的艺术思想更加全面、清晰、立体（图6-11）。

问： 新绛云雕的发展历程是怎样的？

答： 我进入工艺厂的时候，轻工业部就一直号召改革、创新。为什么创新，目的就是要换外汇。当时虽然说是叫计划经济，但是工艺美术行业可以说还是市场经济的一部分，因为我们工艺厂的东西是直接与国外市场对接的。那时候不是"云雕厂"而是"工艺美术厂"。工艺美术厂有三个大的支柱产业：第一是款彩。实际上我们叫刻灰，刻灰是工艺美术厂最大的一个项目（图6-12）。第二才是云雕。第三是螺钿。特别是软螺钿工艺是这个工艺美术厂的拳头产品，它比扬州还要早。当时轻工业部在这里召开大会，全国各地的漆艺厂派人来学习，螺钿的开片技术就是从新绛工艺美术厂开始的，扬州漆器厂也是在这儿学习的。稷山点螺原来也是没有的，在20世纪70年代中期以后，新绛工艺美术厂在稷山设立了一个专门制作点螺的分厂（图6-13）。当时款彩的出口量是最大的，云雕的生产量虽然说没有款彩那么大，但是它名气最大！因为它制作起来周期比较长，所以说它的量不可能胜过款彩，但是它的利润高。云雕的出口对象是日本和东南亚这一带，所以它的价格还是可以的。现在国内的需求比出口还大，所以对外出口已经不是我们所追求的了。比如说现在有好多日本人过来了，价格还没国内高。在国内多好，咱们基本上是终端消费了。

历史上做云雕最多的还是20世纪七八十年代，因为全国只有新绛工艺美术厂在生产云雕。580人的新绛工艺美术厂在咱们国家来说就是大厂了，还有就是工艺厂每年额定出口量特别多，工艺厂是在计划经济条件下的一个晚期效益。想想500多人的厂，雕刻车间有三层，一层里面有100多人都在那里雕刻，那是个什么劲儿！当时的

图6-11 访谈过程

图6-12 王发全刻灰作品《乡村牧归》

↑ 图 6-13　稷山点螺漆器

工艺厂有 80 个行政人员，有人管财务、有人管供销、有人管生产等，这些都有。20世纪七八十年代国内就没有消费，因为买不起。但那个时候是很自豪的，生产的东西全用于出口，一个小壶就能换一辆自行车！

　　应该说云雕漆器的生产从 20 世纪 60 年代到现在没有什么大变化，只是说大厂解体了。原来是统一的大厂生产，后来划成了好多作坊。作坊现在有的还在，主要形成了三个较大的厂，咱们这（大家云雕）算是龙头。还有就是店头特种漆艺厂，原来是我们 7 个兄弟办的，后来让给一个人了，现在变成了一个旅游品厂。另外还有一个就是黄河云雕厂，这三个是大一点的。

　　问：能谈一下您的从业经历吗？

　　答：1979 年我高中毕业后在家里待了 10 天，人家跟我说哪里招工我都不想去，就想去工艺美术厂。进了工艺美术厂之后干什么呢？做学徒。到工艺美术厂以后就明确地跟了一个雕刻师傅吕青竹，老师让我刻灰，我就去刻灰了，当时那叫临时工。可是在那儿刻了不到三个月我就解决了一个问题，就是工人在车间制作刻灰漆器的过程中经常把漆器上的图稿给擦掉了，特别是热天出汗的时候容易出现这样的毛病。擦掉了就需要工艺厂的设计人员过来再画、再描，重复劳动，所以人家设计人员到了车间就很不高兴。我试着跟工人说我给你画，就自己拿毛笔给他画。因为有美术基础，我当时就能把他们擦掉的东西都给补上。后来，设计人员说你们这段时间表现真好，都没擦掉！我们的车间主任开玩笑说道：不用你这老爷了，我们有自己的画家了。他就问是谁啊，主任说，我们刚进来的一个小学徒。于是，设计组组长就过来考试，说你给我画个侍女的人头。我说好。他说你拿铅笔打个稿，我说不用。我拿起毛笔就给他画，一画他感觉还不错，就把我调到设计组去干设计人员的工作了。因为当时厂里画图的时候全部都用毛笔直接在屏风上画，实际上会抓毛笔的也没几个，所以我就从临时工直接调到设计组了，这在工艺美术厂历史上是独一无二的，所以说这一步是比较顺的。

我27岁时成为新绛工艺美术厂的技术厂长，干了3年我就带着6个技术人员出来创办了店头特种漆艺厂。刚开始我是瞒着家里人的，回来我妈就问："这一段时间怎么不好好上班了？"过一段时间才跟她说我辞职了。当时厂长告到了县政府，说我们的技术厂长陈勤立不跟我干了，他自己创办厂去了。当时新绛县的县委书记就问："他是人才吗？"厂长说："是人才！""是人才就让他出去吧，他如果不是人才你为什么不让他出去？"县委书记这样说了，厂长也就没办法了。

改革开放就是要让这些有技术的人走出来，实现自己的想法。现在让我们放开胆子干，为什么不干呢？所以我们几个骑着自行车从县城到了店头——新绛县郊区的一个镇。到那儿以后看到几排瓦房，就跟店头镇党委书记谈我们要在这里建厂。当时向信用社贷了5万块钱，在店头自己动手干起来。我们创造了产品当年设计、当年投产、当年产出、当年进广州的业绩。我们租了辆大卡车，把产品都运到广州去卖。但是在广州卖了一个月，才卖了几万块钱。都说好，就是没办法卖。1990年那会儿一套云雕家具要17万元，确实有点贵。而且，我们当时没有研究广州的地域特点，对家具的研究也不够。比如沙发啊，柜子啊，床啊都是按照北方的体格做的，在广州有的地方就放不下这么大的东西。虽然没有赚到钱，但在广州观摩学习了当时最时尚的香港家具的款式设计。回来以后把这些新的设计思维应用在传统的家具上面，这才开始后面真正的云雕家具制作。当时我们几个在广州没有钱了，差点就回不来了，最后每人分了几百块钱，自己想办法分头回吧。后来有的人想干，有的人就不想干了。我们在一起的七兄弟已经分开跑掉，变成了四兄弟。还是没有坚持住！

回来以后，我们马上从广州买了两桶当时的高级漆，就是现在的聚酯漆，空运回来的，因为西安那边根本没有！空运回来以后，就在我们的厂里用土办法制造了几套当时最现代的家具，结果一下子在新绛就火了，全部卖出。这就在当时打开了另一扇窗。云雕家具是好，但是成本太高，卖不出去，所以说在那个年代是以现代家具来养活云雕家具的。这是一个向现代家具设计学习的最重要的过程。只有把现代家具的众多制作技术、好的制作手段应用在传统云雕上的时候，它才能有更大的提升。

问： 您对云雕行业的愿景是怎样的？

答： 人吃不饱时还买什么工艺品、艺术品？随着国力的增强，国人现在有购买力了，你要从品牌质量上达到一个要求。只要你有好东西，肯定能卖得出去。我们县委领导来了跟我说：陈老师，我们给你两百亩地，你给我多招些人！但是，我认为我们研究的性质不同，不是他们说的"产业"。我们研究的是传承不是大批量来做，批量生产从某些意义上来说就是在破坏它。很多批量化的生产降低了产品的质量，造成了公众的误读，这种误读就降低了漆的文化价值。批量化生产在材料的理解上也停留在一个低品位的层次上，我觉得这样就把好东西弄坏了。真正的漆器应该是个什么样的，就没有那个概念了。你到底在市场中是个什么样的定位？就像当一个艺术家是怎么定位一样。你的定位是当代的还是传统的，这是不一样的。

问： 工艺美术厂时期对您影响最大的就是您的岳父王发全老先生，他是一个传奇人物，您能聊一下他吗？

答： 岳父的一生，命比较苦！他的父亲也是一个做木工家具的。我的岳父在那个木工家庭长大，他就是小学几年级的文化水平，但是他有绘画天赋。他没上过美术院校，但是他画得挺好的。还没有公私合营的时候，他一到木作坊就和工人住在一起。后来他作为木工被招进工艺厂，他的画画天分就显现出来了。他不但木工做得好，画得好，漆工也做得好，一看就会！所以当时他在厂里就是顶梁柱，款彩、螺钿、云雕他都会！他就是中国最早的漆艺家。现在山西的中国工艺美术大师是平遥的薛生金（图6-14），我岳父跟他就是同时代的。当时他们两个是代表，平遥是薛生金，新绛就是我岳父。不管全国开什么工艺会议啊，都是两个人一起的。北边有薛生金，南边

⬆ 图 6-14　王发全与薛生金在颁奖台上留影（右为薛生金，左为王发全）

有王发全，那是肯定的！骄傲地说一点就是我岳父的绘画基础是非常好的。虽然他是自学成才，但就是画得好！他很刻苦！刻苦到什么程度啊，真草隶篆的字典当时没有买，他就一本一本地抄。他经常画，天天画，不间断地画（图 6-15）。他喜欢抽烟，喜欢喝酒，喜欢画！他就是去世太早，54 岁，可惜了！那是他创作最成熟的时候。当时他临摹《山乡巨变》，贺友直、华三川，还有戴敦邦，这是他喜欢的几个人物。他一本一本地画，你看他的这些创作，都有贺友直的样子。实际上我学习的源头就是在我岳父这儿。

我岳父在老一辈艺人兰福泰和柴秀刚那里学习的款彩和云雕的技艺（图 6-16）。在十二家老作坊里面，其中有三家是比较突出的。后来统一归入工艺美术厂，包括这三家作坊里的技术工人也都进入工艺美术厂上班。我的岳父就是在这三家的基础之上开始学习的。他是以一个革新派的面貌出现的，因为他的绘画基础好，所以他成为工艺美术厂的第一代设计师、第一代产品主创人员。他跑的地方非常多，他就是一边看一边画速写。当时还没有什么照相机，就是靠画的。这个画反映了当时中国欣欣向荣的景象，里面有好多款彩的手法（图 6-17）。故意留的这种是辅助点，像老虎的爪

图 6-15　王发全工作照

图 6-16　王发全等与兰福泰的留影（前排中为兰福泰，后排右一为王发全）

▲ 图 6-17　王发全《颐和园》写生画稿

子印一样。这刀法怎么刻的，画的时候就怎么表现出来，要特别细腻。他先用铅笔打稿，然后用毛笔画。那时候家里条件不太好，我岳父就把这些纸钉在墙上，然后蹲在或者站在床上画这些东西。

　　我岳父很幽默，老是把人逗乐，男女老少都喜欢跟他玩。他会说我们国家很多地方的话，上海、北京、河南、广州的方言他都会说，而且说得非常像，如果不说他是哪里人，你绝对不知道！他拉二胡什么的也很好，他这个人就是天生的琴棋书画什么都会（图 6-18）。我到厂的时候，岳父就是厂里的总工艺师！后来因为我的美术基础好就把我调到设计科去给他做助手，我是我岳父最得意的学生。

　　问：您在工艺厂时期曾两度到艺术学院学习，您的学习心得是什么？
　　答：1980 年到四川美术学院学习提升了我对大漆的认识，回来就一直做大漆云

▲ 图 6-18　王发全长城留影

雕，用新的表现语言去充实它。我在中央工艺美院的那次学习是开了眼界，全部用大漆。我知道了真正的漆艺是什么，真正的漆画是什么，目标就比较明确了。

问：您觉得沈福文与乔十光教学的区别在哪里？

答：沈老师教学注重的是技法基础，教我们怎么样磨刮翘，是一种技法的直接运用；乔老师教漆画创作，培养漆画创作思维，他们的思路是不同的。

问：工艺美术厂培养与学院学习之间的区别与联系是什么？

答：工艺厂注重实用与制作，走工艺流程；学院教育注重艺术修养，关注美术思潮，是比较前沿的。当我学习回厂后正好那个阶段有美国华宝公司的订单，他们就要求新的东西，不要特别传统的。所以，我从学院学习回来时正好适应这个变化，学以致用了，呵呵……这也是学院与工厂的一个联系吧！

问：每个阶段您都创作出不同的云雕作品，您认为最具有代表性的作品是哪些？能谈一下您的创作思想吗？

答：实际我最早到工艺厂接触云雕的时候是设计云纹图案，基本上都是传统的造型，那些都是小东西，主要做出口。有一次厂长组织我们全厂的人员搞了一个全厂性的运动，就是发掘心目中的传统云雕样式。工人们没有设计能力，但是他们可以拿一些家里的实物来参照。那时，我第一次接触到我们当地的云雕图形叫作"双头云"和"单头云"，这是地方的叫法。在这种启发下，我们设计人员根据群众所提供的一些资料改编了一部分造型。

还有一个对云雕设计最具转折性的事件是在 1988 年左右，我们给一个本地有钱的男孩设计云雕家具，这是我第一次尝试做云雕家具。我和这个男孩在广交会结识，他也是新绛人，当时他在广州卖钻石发了财。他说想在广州买一套红木家具。当时的红木家具可不像现在这么多，一是贵，二是运到北方有开裂的可能。他说那怎么办，我说我给你设计个云雕家具。在很短的时间内我就给他设计了一全套家具：有梳妆台、办公桌、沙发还有餐桌。实际上，那是云雕家具的雏形，主要参考传统的漆木家具和硬木家具。那个家具是在厂里做的，做好了之后，他结婚的时候就给拉过去了，当时在县里造成了一个小轰动。大家都说：哇，人家在广州当经理的年轻人家里有钱，请了工艺厂的大师设计家具！好多人不是去看新娘，而是去看云雕家具了。当时都认为不得了，这是最好的家具。

原来我一直在做小盒子，可是小盒子表现不出我想要的一种肌理的变化，2007年我做了一个箱子《荷风送香》，就是把盒子放大再试验，放大就是一种设计。展览时有一个老外的话提醒了我，他说这个做茶几太好了。我说箱子不容易揭开。他说偶尔放红酒，不常揭开，能储存，感觉不错。这是人家帮我完善的想法。他说这个很中国！我在做的时候本想融入现代元素，结果他给了我一句：很中国。哦，我就得站在他的立场上看我们的东西，的确很中国！我想我的血液就是中国的，跑不了。"中国的"实际上就是"现代的"！全球化背景下寻求民族文化的特色，如果找到很"中国的"东西，那么它就是现代的。问题是，有时候咱们找不到这个很中国的东西。所谓的现代理解成国外的翻版，盲目地跟风，我觉得是不对的。在《荷风送香》这件作品上最主要表现的是荷叶中间那一疙瘩一疙瘩的小块肌理。我当初是想表现得像鹅卵石一样，触摸的手感特别好。那个小块我是精心设计的。凸起的这个小块体积感很强，手感也很温润，会情不自禁地就想去抚摸它！当时设计这个作品的时候为什么选择荷叶呢？因为荷叶又大又开阔，但是它又由细小的脉络组成，很漂亮！漆的层次也一次比一次厚！第一次做出来的时候没达到那个效果，像鹅卵石这种一块一块的体积感觉不足，后面又加厚试验。

问：可不可以说这是"荷"系列？

答：可以说那个阶段就是"荷"系列阶段。当时做的有大的、有小的，还有几个更小的首饰盒，都是在试验这种刻法，看到底是哪一个刻法好一点。我当时想的东西都在荷叶上表现了，想了好多方式，也刻出了好多方式。云雕多以线条为主，"荷"系列开始注重面的表现，整体上找到了画面的感觉。我在"荷"这一个点上钻研云雕的刻法，把表现的可能性都发挥出来。我把荷做到花瓶上，做到家具上，做到小箱子上……呵呵，那时候是掉到荷的情结里去了。

云、梅、荷是我使用的主要题材，它们起到装饰的作用和精神上的寄托。比如画荷的时候就是画一种精神，作品中的那个荷本来就不是一个写实的荷，它就是一种随心的东西。新绛县的莲菜是最好的，莲菜就是荷花下面长的莲藕。新绛种荷的人特别多，每年夏天都能看到。我小时候经常在河边上玩，看到厚大的荷叶还有荷花，特别喜欢！但对我来说更爱看宽大的荷叶，上面有水珠的我最喜欢了，特别是风一吹时感觉特别清爽。荷看上去很柔，实际上却很有劲道。

我一直想让云雕在视觉上更丰富，把剔犀作为一个开始的平台。这个平台应该长出很多新的叶子来丰富它。我跟我爱人合作的梅花大茶台，大面积特别工整，只是局部的树枝上运用皱漆的方法，就像老头的皮肤一样。在茶台的中间刻了梅花，几朵梅花擦出来很红润、很光亮。

问：您在做云雕设计的时候如何根据功能性要求界定云雕的形态？

答：形态和图饰的设计是云雕设计过程中的两个很重要的方面，它的设计依据是环境和功能。我认为不管设计什么样的作品，首先我要考虑它是在一个大的环境中的应用。比如在设计一个茶台的时候，我首先考虑到这个茶台在这个环境中营造什么样的气氛，然后根据环境要求设计云雕的形态和图饰。

我尝试过室外的设计，但是不行，首先雨水就把它的光泽给破坏了。所以，云雕的功能性就多涉及室内家居用品，如盘子、盒子、花瓶之类的（图6-19、图6-20），大件的有几案、座椅、沙发、屏风等。像四柱首饰盒（图3-37）实际上不是存放起来的首饰盒，而是放在桌子上，当你下班或者是早上洗漱完之后用的。这种首饰盒适合放耳环、项链等小的首饰，起规整作用。所以云雕设计一定也要考虑到它的功能性。这两年我在构思一套给儿子结婚用的家具。现在构思的不是全云雕的，应该是现代、沉稳又时尚的一种感觉，云雕只在关键的地方应用。我想这又是一个里程碑，因为我相信这是一个引领与拓展。

⬆ 图6-19　云雕饰盘

图 6-20　花瓶

问： 从云雕这个角度来说，您的理想是什么呢？

答： 做云雕王，把云雕做到最好！目标就是压过元代的"张成造"，一定要比他做得更好！因为元代人都做得那么好了，我们现代人为什么老是超不过去。这是我最大的一个心结。

在工艺厂的时候没有人给你定位说你要做世界上最好的云雕，只要求说现在外贸出口要做多少小桌或者咱们能新出几个图案而已，根本没有在云雕艺术上做更深的研究。作为一个现代人做云雕几十年，特别是在工艺厂的十几年，做的却只是一个普通的产品而已，而且从艺术思想上根本就没做到人家元代的水平。历史中好多东西我们要去学习，这也是挖掘传统的一块儿，老祖先留下那么好的东西还不学那怎么办？实际上要是真的把老祖先的东西学到了，也是一个捷径。

我临摹这个"张成造剔犀盒"的时候，皮老师（皮道坚）来这里（图6-21），我跟他说我正练习临摹。皮老师很感兴趣地说："我还没听过漆艺界也临摹呢！"我临

图6-21　皮道坚（左一）、陈勤群（左三）来访

摹"张成造剔犀盒"的一个最初的目的首先是进入，因为你不亲自做的时候就深入不进去。所以说通过临摹，在过程中才能接近他的艺术思想。不然，我觉得这就是一个简单的仿造，仿造是没有用的。以前是模仿他做出来的，现在我研究得更深了。这个东西应该是他成熟期的一个作品，在这个盒子之前他肯定也做过很多，他有大量的积累，这个作品确实是历史上能见到的最好的一件。我在做它的时候尽量准确地测它的图案，虽然看上去这么简单的三个云头，要想接近古人，这个距离还是非常大的！一个是漆层，一个是饱满度，在画云头的时候不知道是画了多少遍。最后研磨它我都用传统的材料节节草，水砂纸打磨得太快，它和节节草打磨出来的感觉是不一样的。

问：据我了解，现在真正用大漆材料做云雕的成本比较高，经营起来会比较艰难。在这种环境下，您是怎样去坚持用大漆材料的？

答：经常有人提到这个问题，我觉得我们从事这种行业最重要的不是出了问题才坚持，而是在一开始就要坚定你的信念，要知道你是干什么的！干这个工作就是确实要喜欢，而且还能养活自己，所以才能从事这个事业。既然从事这个事业，就要把它做到最好。所以现在有好多人说你是坚守着、坚持着……我不想用这样的词来描述我自己，我认为我在这个行业很好、很舒服。我就定位我是漆艺家。漆艺家是干什么的？漆艺家就是将我们祖先多少辈人积累下来的这些传统技术延续和发展，并运用到当代，这是我自己从事云雕30年的一个心得。不管市场怎么变化，只要做云雕我就要一直用真正的大漆。我不看其他那些假的，虽然能卖上七八百元，但是你在历史上不会留下名字，你不会在这个行业有什么位置。有好多人为什么一投资就说坚持不住了？是资金坚持不住，还是理想坚持不住了？我认为这是个大的问题。大漆就是大漆，不能一会儿真一会儿假，没有树立自己的目标，最后都不知道自己是干什么的了。实际上这也是很多云雕厂干不下去的原因。漆器既然在咱们中华民族历史上有过辉煌的一面，它肯定有存在的价值。所以说我传承的是什么？是文化！是经过千年检验的云雕制作方法。

问：能讲一下您的售卖故事吗？

答：2006年我创作出一个作品——《祥云》，那次参加的是第二届中国现代工艺美术展，获奖了（图6-22）。这个最可惜的是只留了一张照片。为什么？我们刚撤展就碰上两个年轻人站在门口问："对不起，你是作者吗？"我说是。他说："咱们坐下来谈一谈吧，我们想要收藏你这箱子。"当时根本没想到，我问他们是哪里的，他们

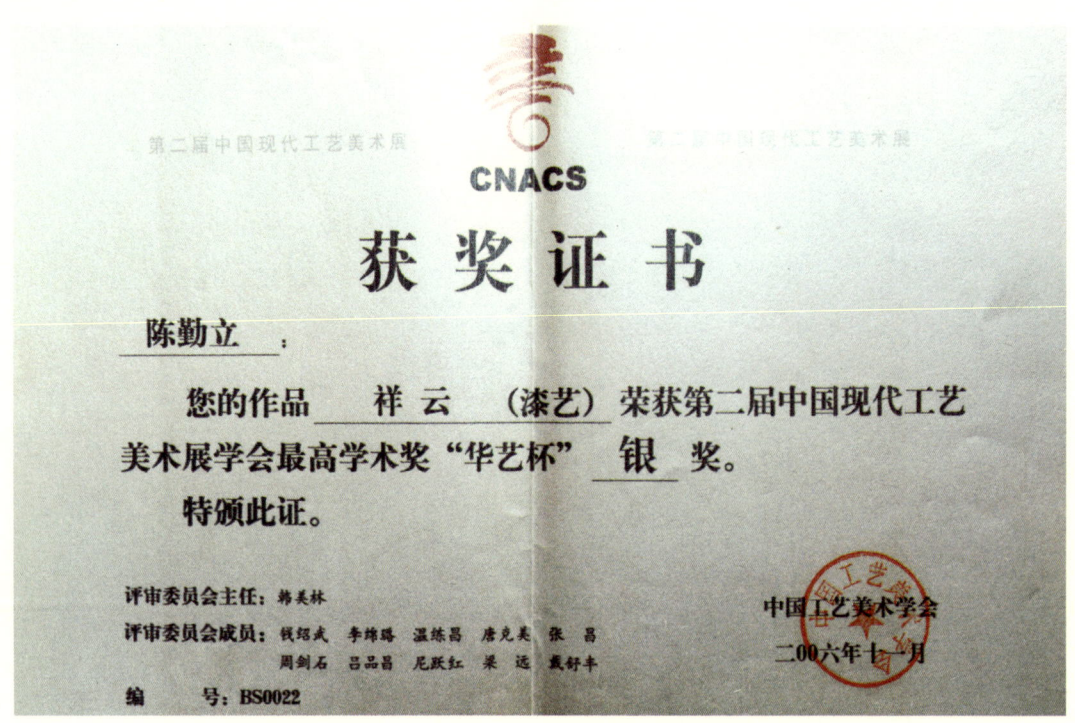

▲ 图 6-22 《祥云》获奖证书

说是戏曲研究所的，可惜没留下电话。他们问我想要多少钱，我懵了，没想到要卖，就不知道该说多少钱了。当时我爱人也在，就说卖了吧。最后我随便说了两万五吧，人家说两万吧！我也不知道怎么想的就答应了。人家就直接提着包坐在展厅凉椅上把钱拿出来了，做好准备的。人家让我拿上证书和箱子站在一起拍了几张照片就把东西拿走了。打开车的后备厢一放，正好。总共下来没有 20 分钟时间就把一件获奖的作品给卖了。拿了两万块钱去王府井给老婆买了衣服，反正最后是花得差不多了，哈哈……回来挺高兴的，我说一个箱子换了那么多！当时钟声老师还说："老陈，整个展览别人没有卖掉一件，你这个获了奖还卖掉了，你这是双丰收呀！"双丰收，意思是还可以呀，哈哈……这个箱子是我在现代云雕设计上的一个代表作，后来觉得卖得可惜就做了一个复制品。

问：云雕要做下去必须培养出它的传承人。那么，您收徒的标准是什么？

答：我现在认识到，特别是搞这种雕刻艺术的东西，有的人是不能培养的，领悟能力差的累死也教不出来。有的人从来没有动过刀，看他动了两刀，一看这个人可以，他就能培养。无论你聪明还是笨，如果你不勤奋，理解了却不去做也是不行的，必须反复地练习。质跟量是联系在一起的，没有量就没有质的变化。所以说勤奋肯定也是咱们选择收徒的一个标准，要一边做一边思考，想的问题一定要比别人多。聪明的人他可能三个月就有大的变化了，不聪明的人差不多要增加一倍的时间，每个人不一样。会刻、能刻不等于熟练，不但要熟练，你还要学会好多内在的东西。灵巧的话很生动地一点点都刻出来了，而往往真正的艺术品质就在那一点点上！

问：您对云雕的传承有什么样的预期吗？

答：到了我们这个年龄，有时候我就想把我知道的这些最基础的东西都说出来。前两年我高血压，万一高血压再出现怎么办？到时候我想说都不行了！最基础的东西不仅要说给我儿子，而是谁来我都教。为什么呢？你什么都说还发展得这么慢，什么都不说的话还怎么发展，是不是啊？民间有时候就是把这种东西看得太保守了。云雕需要让更多的人了解，更多的人知道，更多的人来参与，不然这个民族的事业怎么延续呢？所以说这个传播的真正意义不是技术，而是技术背后的思想。传承不是一个点的问题，而是一个很系统的问题。

笔者在与陈勤立接触的过程中，他的人生阅历、艺术思想、精湛技艺以及敬业精神等都给人很多的启发，现将陈勤立的经典语录总结如下（图6-23）：

1.关于云雕的未来："云雕是要走向全国的！中国现在不是没有购买力，是国人没有好东西，只要你有好东西，肯定能卖得出去。"

2.关于云雕的定位："我研究的是云雕的传承而不是云雕的产业化，批量生产从某些意义上来说就是在破坏它。云雕不要做古董而要做与时代紧密结合的东西。云雕面对的是高端消费群体，要观察他们的生活方式与需求，并引导他们的审美与品位。"

3.关于大漆材料的使用："大漆就是大漆，不能一会儿真一会儿假，没有树立自己的目标，最后都不知道自己是干什么的了。实际上这也是很多云雕厂干不下去的原因。"

4.关于云雕学习心得："历史中好多东西我们要去学习，把老祖先的东西真的学到了，也是一个捷径。学习云雕也需要'临摹'，通过'临摹'不仅仅学习制作方法，更重要的是在过程中体会古人的精神。"

5.关于民间技艺："民间的许多东西就是一张纸，一捅即破，实际上没那么神秘。"

6.关于云雕用漆："制作云雕要求漆相好！所谓漆相好，就是干燥好，黏稠度

好，没有异味，它就是好漆。"

7. 关于髹漆："刷漆讲究横刷竖顺，先用马尾刷蘸漆在胎体上排开，然后再顺漆，最后要收漆。刷漆时'湿碰湿'和'干透上'都是不好的，漆层之间的附着力差，最好是在干到一定程度又没有完全干透的时候刷下一遍。"

8. 关于放漆："刷好的漆要放，放漆就像和面之后放上一会才能用是一个道理，就是要让漆变得稳定了才能刻。"

9. 关于漆层："红面黑层少，黑面红层少，尤其是红色漆面时，黑色层如果太多，或者处理过于平均就会显得'恶'一些。"

10. 关于雕刻："一是怕走样，一是怕跑刀，一旦走样或跑刀就很难再修复。"

11. 关于打磨："打磨不只是以光滑为目的，也是一个塑形的过程。打磨要求随形而走，不能随便打磨。"

12. 关于技艺传承："这不仅仅是一个技术的事情，而是一个思想的传承。传承不是一个点的问题，而是一个很系统的问题。"

参考文献

[1] 李一之.雕漆[M].北京：北京出版集团，北京美术摄影出版社，2012.

[2] 王世襄.髹饰录解说[M].北京：文物出版社，1983.

[3] 乔十光.漆艺[M].北京：中国美术学院出版社，2000.

[4] 谢玮.山西现代漆艺发展思问[M].北京：光明日报出版社，2014.

[5] 宋本蓉.北京非物质文化遗产丛书（第1辑）：雕漆技艺[M].北京：文化艺术出版社，2013.

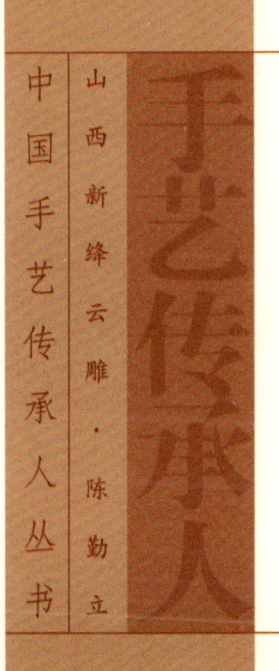

附　录

陈勤立简介及年谱

　　陈勤立，1960年生于山西新绛。他19岁进入新绛工艺美术厂，从学徒工做起，跟随老艺人学习云雕技艺，27岁成为新绛工艺美术厂的技术厂长。1980年，陈勤立到四川美术学院学习，师从沈福文先生。1986年，陈勤立被乔十光先生收为学徒。陈勤立的从艺经历是新中国第二代工艺美术传承人的典型，他不但有工艺美术厂实践的经验、漆艺世家的浸染，还有着学院教育的背景。

　　2006年，陈勤立成立了大家云雕研制所，致力于云雕漆器的研究、传承、设计和生产。陈勤立根植传统，同时在他的创作中又结合了对当代生活和艺术创作的见解。他不断对传统云雕进行创新，在总结30余年的从业经历和云雕制作经验的基础上逐渐形成了鲜明的云雕艺术风格。他拓展了云雕技法，开创了大型云雕作品及云雕家具制作的新品类，对新绛云雕技艺和产业发展起到了重要的推动作用。陈勤立的云雕作品被中国美术馆、湖北美术馆等多家艺术机构收藏，其艺术成就得到了普遍的认同。

1960 年

11 月 10 日，出生于新绛古城四府街。

1976~1979 年

新绛一中年级美术组组长。

1979 年

9 月，进入新绛工艺美术厂当学徒，师从宁思根等。

1979 年

11 月，进入新绛工艺美术厂设计组，师从王发全。

1980 年 9 月~1981 年 9 月

进入四川美术学院参加全国漆器行业设计人员培训班学习，师从沈福文。

1986 年

5 月，参加中国美术馆举办的首届漆画展，四幅漆画作品入选，作品《日红月香》获得"优秀作品奖"，《华夏魂》被中国美术馆收藏。

1986 年 9 月~1987 年 9 月

到中央工艺美术学院学习，师从乔十光。

1987 年

担任新绛工艺美术厂技术厂长。

1990 年

3 月 27 日，陈勤立下海创业，成立店头特种漆艺厂。

1994 年

陈勤立成立山西意丰家具装饰有限公司。

1998 年

漆画《故宫》入选《中国现代美术全集·漆画》卷。

2006 年

创立新绛县大家云雕艺术研制所。
漆艺作品《祥云》荣获第二届中国现代工艺美术展最高学术奖"华艺杯"银奖。

2010 年

漆艺作品《荷风送香》被中国美术馆收藏。

2013 年

漆艺作品《东方漆语》《天圆地方》被湖北美术馆收藏。

2014 年

漆艺作品《剔犀凤鸟缸》被福建省美术馆收藏。

2015 年

漆艺作品《剔犀荷纹碗》被福建省美术馆收藏。

2016 年

漆艺作品《春醅图》《剔犀梅图方几》被福州市博物馆收藏。

后 记

    2010 年，在中国美术馆举行的"日用即道"国际漆艺展览上，有一件云雕作品《荷风送香》吸引了我，它打破了我对传统雕漆的认识。传统雕漆作品一般形体较小，以传统装饰性图案为主，而这件荷叶纹雕漆作品的尺寸则比较大，表面的处理亦不像传统雕漆那样单一，而是进行了主观的"磨破"以表现出荷叶表面的肌理特征。再仔细看，深峻的刀口内呈现出红黑相间的漆层。这件云雕作品的作者正是陈勤立老师，遗憾的是"只闻其声，不见其人"。直到 2013 年在湖北国际漆艺三年展上我与陈老师相逢并结识。就餐时，我被陈老师的一席话所吸引，言谈中窥见陈老师对大漆材料特性的深刻理解以及丰富的漆工制作经验。

    收到《中国手艺传承人丛书》的约稿后，雕漆作为中国漆器的经典样式成为我的首选主题，而要写雕漆传承人则当选陈勤立老师。陈勤立老师经过慎重考虑后同意配合本书的写作，并在这一年多的时间里始终如一、毫无保留地将自己 30 余年在云雕艺术创作中的经验进行总结和讲述。每次与陈勤立老师的访谈都让我受益匪浅。从陈老师的言谈举止中感受到他开放、包容的品质，他丰富的人生阅历和对云雕艺术的执着追求，都极具感染力，他对云雕技艺的传承、开拓与创新极具启发性……我相信，在中国现代云雕发展过程中，陈勤立将是一个标志性的人物。

    从 2013 年 10 月到 2014 年 12 月，我先后四次来到新绛进行实地考察与访谈，并通过相关文献的考察使本书的内容逐渐丰满。我以一个做漆人的视角对新绛云雕的发展状态和民间传承脉络进行调研，以对话的方式倾听云雕传承人的陈述，并对云雕的材料和工艺等加以系统而翔实的记录。

本书的写作还要感谢陈勤立的夫人王素平老师。王素平与陈勤立相互扶持、相互关爱，在艺术创作的道路上互相配合、互相启发，是让人羡慕的一对伴侣。王素平老师待人亲切和蔼，除了在大家云雕工作室的日常工作以外还要打理生活琐事，感谢她为本书的写作提供了最温暖的协助。

感谢李炎、陈义磊为本书担任拍摄工作，感谢为本书出版付出心血的工作人员。